世界趣聞真奇妙

世界趣聞真奇妙

展開好奇心的翅膀
飛遍全球！

H.W. 波爾

IQUP 026

世界趣聞真奇妙
The Big World of Fun Facts

作　　者｜孤獨星球（Lonely Planet kids）
譯　　者｜賴汶姍

責任編輯｜陳品蓉
文字校對｜陳品蓉、許仁豪
封面設計｜季曉彤
美術設計｜林素華

負 責 人｜陳銘民
發 行 所｜晨星出版有限公司
　　　　　行政院新聞局局版台業字第 2500 號
地　　址｜台中市 407 工業區 30 路 1 號
電　　話｜04-2359-5820
傳　　真｜04-2355-0581
Email　｜service@morningstar.com.tw
網　　址｜http://www.morningstar.com.tw
法律顧問｜陳思成律師

郵政劃撥｜15060393 知己圖書股份有限公司
讀者專線｜02-23672044

承　　製｜知己圖書股份有限公司
初　　版｜2021 年 06 月 20 日
定　　價｜新台幣 590 元

ISBN 978-986-5582-53-1

世界趣聞真奇妙 / 孤獨星球 (Lonely Planet kids) 著；賴汶姍譯 .
-- 初版 . -- 臺中市 : 晨星出版有限公司 , 2021.06
　　面；　公分 . -- (IQUP；26)
譯自 : The Big world of fun facts.
ISBN 978-986-5582-53-1（精裝）

1. 百科全書 2. 兒童讀物

047　　　　　　　　　　　　　　　110005080

目錄

世界各國

全世界大約有200個國家，但要算出這個數字卻飽受爭議：**怎樣才算是一個國家？有國旗？國歌？錢幣呢？**是否應該自己發行貨幣？這一章我們會好好研究如何定義國家。

印度灑紅節（Holi）當天印度人會穿上鮮艷服飾，往親朋好友身上灑繽紛的彩粉、丟水球，盛大慶祝一番。

天佑女王

世界上第一首國歌是大英帝國於1745年譜寫的《天佑吾王》，後來還會根據在位的是國王還是女王，聰明地修改國歌！

某些國家直接使用美金當作流通貨幣，譬如說：厄瓜多爾、薩爾瓦多、帛琉、東帝汶和辛巴威等國。

WASHINGTON

世界之最

最大最小最高最矮最老最新……
來看看哪些國家獨占鰲頭！

小島嶼微住宅

香港（右圖）的平均住宅面積是全世界最迷你：約有20萬香港人都住在「棺材」大小的空間裡，說來不誇張，就是這樣大！**這種迷你公寓面積約2平方米，每月租金卻高達美金$310元（新台幣9000多元）**，而且想像一下：要是個子太高還塞不進去呢！

俄羅斯老大

俄羅斯（下圖）是全球總面積最大的國家：**總計1,710萬平方公里！**第二名是加拿大，總計990萬平方公里，第二名和第一名差距有多大呢？如果把俄羅斯瘦身一下、變成加拿大的大小，剩下來的俄羅斯國土還足夠排上全球第七大呢！

與天爭高

　　數千年以來最高建築的霸主常常換人當，世界「第一座」第一高的建築耶利哥塔於西元前8,000年建成，在現今約旦河西岸，雖然不過8.5公尺高，卻蟬連世界冠軍數千年沒競爭對手。

　　然而現代建築科技老早把古人技術甩在後頭啦！西元1931年紐約的帝國大廈抱走世界冠軍，總共381公尺高，將天線長度算進去則有443公尺。

　　西元1967年俄羅斯莫斯科的奧斯坦金諾電視塔搶走冠軍，但此後被加拿大多倫多的加拿大國家電視塔、臺灣臺北101大樓接力搶下冠軍。**自2010年起，杜拜的哈里發塔（下圖）傲視全球，穩坐冠軍寶座至今**，總高度達到828公尺，這可是當年帝國大廈的兩倍高呢！

最中之最

中國人口全球最多：

2018年，中國人口超過13億8,000萬人，印度也不遑多讓，人口多達12億9,000萬。

摩納哥人口密度最高：

3萬7,000多人擠在2平方公里內生活。

東京市區最多人（下圖）：

總共超過3,800萬人。

世界最大城市區：

美國紐約都會區。

國家財富

礦物、森林與水等自然資源都是國家的資產。一個國家的興盛與否，取決於是否有好好利用資源。

火山當椅墊

冰島的能源幾乎都是可再生能源（右圖）。常見的太陽能或風力等可再生能源都來自天空，不過冰島的狀況比較特別：能源都從腳底來。冰島位於鏈狀的地底活火山群之上，所以能夠輕鬆取用來自地心的地熱能源，**全國超過90%的房屋都是靠地熱吹暖氣喔！**

鉭的麻煩事

製作電容器會使用「鉭」元素（下圖）。**智慧型手機、電腦與電競設備都得靠電容器儲存電力**，至關重要！雖然有多種金屬可以拿來製造電容器，但由鉭脫穎而出，展現最高效率，這點真不賴。

全世界將近一半的鉭是由非洲剛果共和國供應，不幸的是，剛果國內血腥戰亂不斷、命運坎坷。當地的殘暴軍閥藉由販售鉭的利潤購買武器，因此在流血衝突之下的鉭也成為「衝突礦產」。幸好這種變相資助軍閥的行為引起西方世界的批判聲浪，科技大廠蘋果公司在2016年就做出榜樣：宣告從此旗下產品一律不採用衝突礦產。

山中自有黃金

全世界的黃金（右圖）可能沒大家想像得多，就算把人類史上所開採的黃金全部集中起來，估計只能填滿大約3座奧運規格的標準泳池。世界上有幾座知名金礦，分別位於姆日陶（烏茲別克）、格拉斯伯格（印尼）、普埃弗洛維霍（多明尼加共和國）與亞納寇查（秘魯）與古德斯垂克（美國）。

直搗地心

鋁是一種既實用又容易取得的金屬，回收也很方便。回收喝完的飲料鋁罐（下圖）後，只需60天就能重生再販售，**全球高達三分之二的鋁金屬都是不斷循環再利用的「老面孔」喔！**

其實人類無法直接挖出鋁金屬，得從鋁土礦中提煉。澳洲、中國與巴西是全球三大鋁土礦產出國，澳洲鋁土礦產量傲視全球，每年多達6萬5,000公噸，相當於第二、三名中國與巴西的總和。雖然印度、西非幾內亞共和國與牙買加也有鋁土礦，但產量相對來說少很多。

資源二三事

俄羅斯的自然資源總量最多， 擁有全球最多的煤炭與黃金。

加拿大水資源最豐富， 全球將近20%的淡水（上圖）都在加拿大。

蘇利南共和國林木資源最雄厚， 多達95%的國土都是森林。

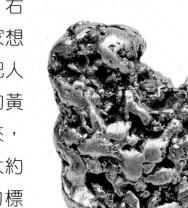

美國亞利桑那州尤馬號稱地表最陽光城市， 每年享受超過4,000小時的日照。

眼見為憑

艾菲爾鐵塔、泰姬瑪哈陵、自由女神像……
每個國家都有獨特的精神象徵。

傳奇再現

非洲衣索比亞西北方有座古城貢德爾，曾經歷200年的輝煌（西元1632至1855年），此時期統治的君王打造了宏偉的城堡（如下圖），**外觀有如傳說中亞瑟王與圓桌武士的居所**，因此享有非洲卡美洛城堡的美譽。可惜第二次世界大戰時遭義大利占領，許多宮殿、馬廄與教堂慘遭戰火毒手。目前聯合國正努力修復遺址、重現當年風華。

幽默雕塑

比利時的布魯塞爾市在2019年歡慶一個盛大的里程碑：**有個小男孩朝水池尿尿400年啦！**

這尊「尿尿小童」雕像由黃銅打造而成，僅61公分高，卻有深遠的影響力。全身光溜溜不打緊，自有**比利時人爭相發揮想像力為他設計服裝**。多年來他已換穿過好幾套足球國家代表隊球衣，扮過爵士樂手、奧運溜冰選手、慢跑達人、列車長、吸血鬼德古拉、已故南非總統曼德拉與其他數百種人物。

據說當初某位富商全家到訪比利時，不知為何兒子卻走丟了，終於找到這個搗蛋鬼時，他正在花園裡尿尿，富商爸爸才弄了這座雕塑表達感恩之情。沒人知道的是，為什麼得看他上洗手間這麼多年，沒意外的話應該會「一瀉千年」囉！

水底奇觀

加勒比海的格瑞那達有個**著名「地」標聞名全球**，但它不在地面上，得穿上潛水衣才能一睹風采。

莫林內爾水下雕塑公園（右圖），出自英國雕塑家傑森‧德卡雷斯‧泰勒的巧手。該公園位在離岸約3公里的海面下，於2006年正式對外開放。雕塑都是人像主題，包括坐在桌前的男人、騎單車的男子還有一群孩童手牽著手。近年來也加入一些其他藝術家的雕塑傑作。

這座雕塑公園不僅是精湛藝術品，更是格瑞那達之光，還身負一項重責大任：支撐飽受颶風摧殘的珊瑚礁岩。

遠古巨岩

烏魯魯巨型沙岩，也稱作艾爾斯岩（左圖），如同摩天大樓般座落在澳洲北領地的南部，總計348公尺高（只比紐約帝國大廈矮一些），周長更長達9.4公里。**它深受當地原住民阿南古族的敬愛，並尊為聖地，**他們世代居住在澳洲中央地區已達3萬年之久。現今烏魯魯巨岩內部仍可見到阿南古族的壁畫，這些壁畫遺跡至少有超過5,000年的歷史！

慈悲擁抱

巴西里約熱內盧最知名地標，肯定就是展開雙臂擁抱人類的耶穌基督像（右圖），從1931年落成以來，它便站在科科瓦多山頂俯瞰人世。雕塑本身30公尺高，底座則有8公尺高，但這還不是全球最高的耶穌基督像，越南、波蘭與玻利維亞的耶穌基督像都更巨大，墨西哥與印尼也有類似雕塑。

有趣的是，**這些知名的耶穌基督像幾乎都採用展開雙臂的姿勢，**很多人認為這是象徵耶穌被釘在十字架上受難，但此觀點並非獲得所有人的認同。巴西歌手吉伯托‧吉爾在1969年為此寫過名為《擁抱》的名曲。

隨風飄揚

可以確定至少在18世紀，旗幟已成為群體認同感的象徵，世界上每個國家都有自己的國旗。

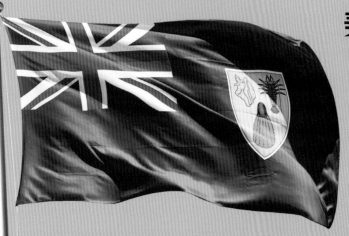

美麗的錯誤

英屬土克凱可群島位於巴哈馬群島南方，地處熱帶地區，絕對跟雪景扯不上關係，**那國旗上怎麼會有個冰屋圖案？**

因為土克凱可群島的主要自然資源是鹽，所以官方標誌用兩個白色的袋子，代表鹽已包裝好等著要出口。結果1899年負責設計正式旗幟的藝術家，將這兩大袋的鹽誤以為是給人住的白房子，還在其中一個畫上小門！於是旗子上就多了冰屋圖案，**直到1968年時被海螺貝殼和龍蝦圖案取代（上圖）。**

搶眼造型

國旗是什麼形狀？全部都是長方形嗎？可不一定喔！

瑞士國旗與梵蒂岡國旗都是正方形，**不過最獨特的國旗非尼泊爾莫屬：兩個上下相連的三角形（右圖）！** 兩個三角形分別代表了喜馬拉雅山、尼泊爾的兩大宗教信仰印度教與佛教。傳說印度教的毗濕奴神曾顯靈指示要採用這款獨特設計，無論傳說真偽，尼泊爾國旗從1962年開始才正式變成「三角峰」！

雙向飛揚

菲律賓於1898年脫離西班牙統治，獨立後開始使用國旗（右圖），紅藍色塊相輝映，一般情況是藍色在上，

紅色在下。**當發生戰亂時，國旗就會刻意倒掛**，讓紅色朝上提醒人民戰爭即將開打。

英雄所見略同

　　海地國旗（下圖）蘊藏著動人的故事：1803年海地對抗法國統治時，革命領導人德薩林刻意把紅白藍三色的法國國旗撕開，請女兒把紅色與藍色縫製成新國旗，**象徵海地從此擺脫法國白人政權。**

　　後來，海地人帶著新國旗參加1936年的夏季奧運時，在開幕式上大吃一驚——居然與中歐小國列支敦斯登的國旗一模一樣！奧運落幕後，列支敦斯登多加了金色皇冠以示區別。現在我們看到的海地國旗則在紅藍兩色交界多了特殊紋章。

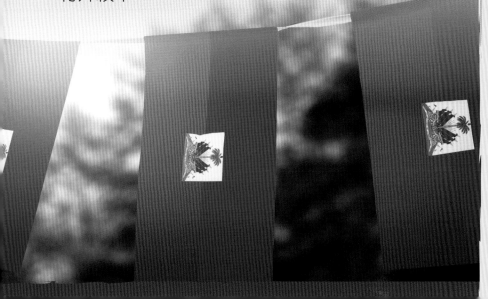

國旗
小故事

只有貝里斯的國旗上有人物圖案：站在樹下的兩個伐木工。

沒有一個國家的國旗使用紫色。

丹麥國旗是紅底配白色十字，而且從14世紀沿用至今，一般認為這是全球最古老的現存旗幟。

月球上的美國國旗在無重力、沒有風的環境下飄動？當初用來支撐國旗與月球表面呈90度的裝置沒發揮作用，反倒讓國旗上的皺褶看起來正在隨風飄揚。

探險家埃德蒙・希拉里與丹增・諾蓋在聖母峰頂插了第一面國旗。兩人分別來自紐西蘭與尼泊爾，卻共舉大英帝國國旗，畢竟大英帝國是探險贊助商啦！

高聲歡頌

世界上第一首國歌——1745年，大英帝國開始傳唱的《天佑吾王》。從此各國都擁有國歌，唱出對國家的認同感。

簡潔有力

烏干達在1962年建國時**曾舉辦國歌選拔賽**，強調要「簡短、原創、神聖，稱頌國運、展望未來」，投稿踴躍但最後首獎從缺，評審對所有作品都不滿意，於是聘僱喬治·卡科馬教授創作，結果他只花1天就寫出只有9個小節的經典短曲——榮登全球最短國歌！

老調重彈

毫不意外全球最老國歌就來自最古老國家之一：**日本**。日本國歌《君之代》源自10世紀的古詩，好幾世紀以來日本國民都耳熟能詳，但直到1999年日本通過國旗國歌相關立法才正式成為國歌。

無聲歌唱

阿富汗曾長達10年沒國歌可唱，當時遭受穆斯林極端分子塔利班政權把持，任何音樂活動均屬違法。直到2001年擺脫了掌控後，重新制定新憲法，開始規劃新國歌。過了一段時間後，在2006年5月，阿富汗正式啟用新的國歌《阿富汗伊斯蘭共和國國歌》，曲名為以當地語言發音富有節奏感：「Allah Soroud-e-Melli-e Da Afgānistān Islāmī Jomhoriyat」

和平拆夥

　　東歐兩國斯洛伐克與捷克共和國的國歌由來有趣，像極了被迫搭伙過日子，最後協議分手的夫妻。

　　1918年，在第一次世界大戰煎熬後，誕生了新的國家：捷克與斯洛伐克的領土合併，合稱捷克斯洛伐克共和國。為了讓雙方滿意，將捷克歌劇樂曲**《吾家何處》**和斯洛伐克名曲**《塔特拉山閃電乍現》**各取一段，合成新的國歌。

　　到了1990年代，東歐政權紛紛解體，捷克斯洛伐克共和國也跟進，於1993年各自獨立，「物歸原主」分走國歌的各自一半。

舉國歡唱

安哥拉：《安哥拉前進》

巴哈馬：《巴哈馬向前進》

不丹：《雷龍王國》

查德：《查德人民》

埃及：《祖國！祖國！祖國！》

喬治亞共和國：《自由》

印度：《人民的意志》

吉里巴斯：《站起來吧！》

緬甸：《世界不滅》

巴布亞紐幾內亞：《啊！起來，祖國全體兒女》

盧安達：《美麗的盧安達》

南蘇丹：《南蘇丹萬歲！》

東加王國：《東加群島國王之歌》

烏克蘭：《烏克蘭仍在人間》

尚比亞：《自豪高歌尚比亞》

錙銖必較

有錢就能征服世界，世上也有許多關於錢的新鮮事！

擁有1兆不是夢

你看過最大面額的紙鈔是什麼？美國境內最大面額的鈔票是100美鈔，你能想像1兆美金紙鈔長什麼樣子嗎？

非洲國家辛巴威2009年面臨經濟危機，幣值暴跌的結果：**1美金相當於辛巴威幣$2,621,984,228,675,650,147,435,579,309！**辛巴威政府只好發行1兆元紙鈔，但通貨膨脹實在太嚴重，即使擁有1兆元辛巴威幣也不夠付公車票。最後辛巴威政府迅速改用南非幣與美元（下圖）並行的幣制。

唯我獨尊

在南北韓兩國結帳時可能會相當痛苦，雖然南北韓貨幣都稱為「圜」，但除了名稱以外可說毫無其他相似點：南北韓圜根本不同、幣值互異。

實際狀況還更複雜，**北韓（右圖）以前曾發行外國人專用的貨幣**，並規定來自共產與資本主義國家的外國人，必須各自使用不同代幣，例如中國旅客使用紅色代幣、美國旅客則用藍色代幣。當地的店鋪又分3種：收當地北韓圜、只收紅色代幣或藍色代幣。到了21世紀，北韓才取消紅藍代幣制，不過觀光客還是只能用美金或信用卡支付，不能用北韓圜。總而言之：北韓說了算！부디！（韓文：請）

似曾相識

一直到亞歷山大大帝於西元前323年逝世後，錢幣上才出現肖像。羅馬帝國時期，把自己的

肖像刻在錢幣上，都被新君視為心頭大事。而羅馬帝國幅員遼闊，肖像硬幣就洽好讓平民得以「親睹龍顏」。有些短命君王稱帝不久、新硬幣才剛做好就被推翻了，被戲稱為「幣上皇」，等於只留下鑄幣這項功績值得考古囉！

不「幣」然如此

數千年來，貨幣與國家幾乎是必然同時存在，但今非昔比：僅以數位方式存在的**加密貨幣，不專屬於任一經濟體或金融體系**。最知名的就是比特幣（右圖）與以太幣，另外還有數百種加密貨幣，就不做贅述。只要擁有技術就可發行自己的數位貨幣，包括**更奇特的牙醫幣（牙醫專用）、瘋狂幣、月亮幣、普丁幣、川普幣、難得幣**等等。

第一個正式發行的錢幣出現在古國呂底亞（現今土耳其西部），當時是西元前6世紀克羅索斯王統治時期。克羅索斯非常富有，以至於他的名字成了有錢的代名詞（註：富有當如克羅索斯「as rich as Croesus」），富有的克羅索斯可是用純金純銀來鑄幣喔！

紙鈔於 9 世紀在中國首度問世，還因太容易遺失被稱為「飛錢」。

金銀材質的角色貨幣，曾在紐西蘭北方小島國紐埃正式發行過，包括寶可夢、迪士尼與星際大戰等故事主人翁。本來是用來收藏而非交易使用，但因仍屬法定貨幣，所以理論上是能用「帝國風暴兵幣」來購物呢！

百萬英鎊與一億英鎊票券，分別稱為「巨人」與「大力神」。這兩種在英國的傳奇票券，都存放在英國銀行的保險箱裡，做為現鈔保值。

錙銖必較

21

我們的定義

巴西人如何展現國家認同，而埃及人與澳洲人又是如何表現？有時是靠展示國家象徵來宣揚喔！

真假不拘

許多國家會挑選當地常見的動物，作為「會動的國寶」象徵，**例如澳洲就是以袋鼠（右圖）為代表**，畢竟袋鼠只能在澳洲見到。不過，不是每個國家都能比照辦理的。有些國家選中的象徵動物真的只是吉祥物，根本沒人見過，以下列出幾個很有趣的例子：

· 捷克共和國：雙尾獅
· 希臘：鳳凰
· 蘇格蘭：獨角獸
· 模里西斯：渡渡鳥（不是虛構生物，但17世紀就全部滅絕啦！）
· 北韓：千里馬（中國神話裡有翅膀的野馬）
· 威爾斯：紅飛龍（或稱威爾斯龍）

志同「樂」合

每個國家的代表動物各有千秋，但代表樂器就很微妙。有些國家沒有官方認可的代表樂器，但多半會選出一種。**有個樂器倒是各國爭相「認親」！**它的音色比吉他響亮又比鋼琴便於攜帶：手風琴（左圖）。塞爾維亞與斯洛維尼亞的民俗音樂都帶有濃厚的手風琴曲風；阿根廷與俄羅斯的國家代表樂器：班多鈕、加蒙手風琴，體型較小並以按鈕取代琴鍵。墨西哥「北方樂」風格與哥倫比亞的昆比亞風樂曲都依靠手風琴演奏，愛爾蘭傳統音樂、美國路易斯安那州的凱金音樂與西德州的柴迪科舞曲也是如此。順帶一提，捷克、德國、波蘭與其他國家風行的波卡舞曲也是拜手風琴之賜，甚至**連北韓都宣稱手風琴是「北朝鮮代表樂器」**呢！

堅定宣告

口號的影響力有多強？**18世紀，法國以「自由、平等、博愛」象徵自由女神（下圖），成功掀起革命**，隨後引發第二波獨立運動的海地，同樣將之奉為格言。不是每個國家都有正式的口號，在此舉出一些知名例子：

- 巴哈馬：邁步向前、共同進步。
- 古巴：祖國或死亡，我們必定征服。
- 沙烏地阿拉伯：真神獨一無二，阿拉是神的預言家。
- 西班牙：大海之外，還有領土。
- 烏拉圭：不自由毋寧死。
- 越南：獨立、自由、幸福。

意義深遠

貝里斯國鳥是彩虹巨嘴鳥（下圖），象徵忠誠、融入社會且愛家，這些都是貝里斯人的共同價值。

馬利的非官方代表植物是棉花，當地人把棉花視為「白色的金子」，足見棉花對國家收入的影響力。

印尼的代表動物是兇猛的科摩多巨蜥，還被戲稱為「地表鱷魚」，直到1926年才被西方科學家發現並正名。

自然風貌

我們居住的星球廣納各式各樣自然生態，數量繁多超乎想像，而且每國各有**獨一無二、怪得驚人**的天然特色。

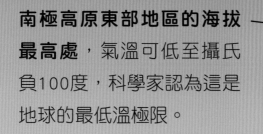

南極高原東部地區的海拔最高處，氣溫可低至攝氏負100度，科學家認為這是地球的最低溫極限。

地球上最炎熱的地方就是伊朗的盧特沙漠（當地人稱為「空虛沙漠」，如左圖）曾測得高達攝氏70.7度的氣溫。

探險家認為沒有任何生物能在盧特沙漠的極限溫度下生存，此地應屬於非生物環境。但令人吃驚的是，當沙漠迎來夜晚後，真的有昆蟲、爬蟲類甚至狐狸出沒喔！

炫奇怪胎

每個國家都有獨特好玩的地理環境、生態群系與氣候，當然也少不了怪得可愛的動物！

海面豬友會

在異國小島享受潔白沙灘與碧藍海水、伴豬游泳，何嘗不是人人夢寐以求的樂趣？（不會只有我吧？）

巴哈馬小豬島（右圖與左圖）真的有野生小豬出沒，因此被稱為豬沙灘。沒人知道小豬們從何而來，也許牠們遭受船難後漂流到沙灘上，或被人類帶到此地慘遭遺棄；總而言之，現在當地成為旅客最熱愛的景點，每天都可以從首都拿騷出發享受短程旅遊。**小豬們不僅友善，更樂於被旅客餵食**，牠們最愛吃胡蘿蔔跟葡萄！

怪客你哪位

澳洲鴨嘴獸（右圖）是地球最令人費解的生物：牠是會下蛋的兇猛哺乳類，長著鴨子的嘴和海貍的尾巴。19世紀初，當鴨嘴獸標本第一次出現在歐洲科學家面前時，多數人都以為是場鬧劇。知名自然科學家喬治·蕭首次看見鴨嘴獸時寫下了：「**我不禁懷疑自己眼睛有毛病！**」

紅鸛的幸福國度

肯亞的納庫魯湖國家公園（上圖）常有**紅鸛大駕光臨而盛名遠播，數量多達200萬隻**：這可占全球紅鸛總數的三分之一！主要原因是**納庫魯湖美味的藍綠藻讓嬌客們百吃不厭**。然而，近年來水患造成湖泊鹽度變淡，藻量因此減少，使得很多紅鸛飛往坦尚尼亞的柏哥利亞湖覓食。不過別擔心，好消息指出納庫魯湖的藻量又恢復正常水準，看來紅鸛準備要揪團進軍囉！

忠實守衛好夠力

蒙古國是遊牧民族的家園，牧人在蒙古大草原餵養許多綿羊與山羊；只是草原無情，他們同時也要面對潛伏四周的威脅，像雪豹與狼等獵食者輕鬆就能讓牧人們的牲畜傷亡慘重。**多年前蒙古獒犬（蒙古語「Bankhar」即「扁平臉」）曾是牧人的好夥伴，恪守盡責、保護弱小。**不幸的是，蘇聯占領蒙古期間，牠們（左圖）幾乎全部滅絕，還好有「蒙古獒犬復育計畫」得以繁殖及育養獒犬，並配對當地牧人回歸草原。資料顯示，多虧獒犬的守護，牲畜受攻擊事件已成功減少80%～100%喔！

可愛系殺手

印尼、越南與其他東南亞地區的原生動物——懶猴（右圖），儘管外表討人喜愛，卻是奪命殺手，**天生就能分泌毒液造成人類嚴重的過敏反應**。更古怪的是，致命的毒液位於懶猴腋下，只要懶猴感受到威脅就會舔弄腋下，製造出融合唾液和毒液的致命毒藥喔！

網路上流傳著一些「懶猴搔癢」的影片，看起來也許逗趣，影片裡的苦主卻一點兒也不開心：懶猴是夜行性動物，相機的閃光燈對牠們而言刺眼不已。因此，影片中牠們手舉高高可不是因為搔癢，而是**感覺受到威脅，準備要反擊人類了！**

爬得心癢癢

小昆蟲與微生物體積迷你，但對地球生態影響深遠。

小兵立大功

微生物不僅能改善人類生活，還能適時拯救寶貴生命。

- **青黴素：**別稱是盤尼西林的抗生素，源自青黴屬的青黴菌。蘇格蘭科學家亞歷山大·弗萊明無意間發現它的存在，弗萊明曾自謙道：「有時無心插柳，答案自然浮現。」
- **喪屍蟻真菌：**會控制螞蟻腦部強迫螞蟻食葉以利自身繁殖，直到螞蟻死後才會離開蟻腦。
- **微生物：**是保護海洋對抗漏油汙染的功臣，「噬油菌」就是其中一種能分解烴類的細菌。

「蟻」帝國強權

我們跟10萬兆左右的螞蟻（右圖）共享地球空間！以前曾有人說地球上的螞蟻總重量等於人類總重量，對此，專門研究螞蟻的蟻學家近日提出不同見解。薩塞克斯大學教授法蘭西斯·拉特尼克斯表示，因為人類數量龐大，總重量應該已經超過螞蟻。也許在18世紀，人類與螞蟻曾經戰成平手，但如今全球人口已達70億，早就遙遙領先啦！

夏季連環殺手

說到**全世界最致命的生物**，大家會先想到誰呢？獅子、鯊魚或人類嗎？以上皆非！不起眼的蚊子殺人「總成績」最優異（上圖），**每年造成75萬人喪命**。人類被蚊子叮咬可能會感染西尼羅病毒、黃熱病與登革熱，但這還有得救！蚊蟲叮咬造成喪命的案例中，半數以上的罪魁禍首都是瘧疾：瘧蚊屬的雌蚊會挾帶寄生蟲「買一送二」；氣候溫暖的地方是雌蚊的最佳溫床，包括從撒哈拉沙漠以南的非洲地區至印度、南美洲北部到印尼等地，都有可能發生瘧疾。

泰坦大天牛（上圖），為甲蟲界霸主，能長到比成人手掌還大，強大的下巴咬合力可咬斷鉛筆，而且像泰坦天神一樣可以飛！

糞金龜當初身負重任進軍澳洲與南非：減緩牛糞對農牧場的環境衝擊。

殺人蜂是在巴西人工培育的蜜蜂，科學家本來為了提升蜂蜜產量而養殖，沒想到大獲成功後變了質，自從1957年殺人蜂逃出實驗室後已造成近千人喪命。

地貌面面觀

不動產界的至理名言「地點、地點、還是地點」完美點出了住在「哪裡」與住宅「長相」同等重要，對國家而言也是，地點決定一切！

下沉都市

墨西哥市（下圖）位於墨西哥中央的盆地區域，城市用水大部分來自下方廣大的地下含水層（地下湖泊）。隨著人口超過800萬，使得地下水供不應求，每年水位下降超過1公尺，衝擊了墨西哥市的建築結構。**自1950年代以來，整個城市累計下降超過9公尺**，造成街道建築扭曲傾斜、水管破裂，數據顯示墨西哥市40%水資源都因漏水而白白浪費掉了！

這不科學啊

　　小島在小湖裡；小湖本身又是另一小湖內的小島；最外圍是更大的島嶼，島上還有火山。歡迎光臨違反常理的菲律賓火神點！

　　讓我們從源頭開始探討：**菲律賓位於東南亞，國土本身由7,000座島嶼組成**，其中一座名為呂宋島，島上有個塔爾湖（右圖），湖中央有座活火山叫塔爾火山（或稱火山島），山上海拔約304公尺高處有座火口湖，湖裡面有一小片土地，那就是火神點，號稱「島裡有座『湖中島的湖中島』」！

地圖上的面積有誤

人們所見的平面世界地圖，是16世紀中葉時，一位地圖學家傑拉杜斯·麥卡托的創舉。他利用「麥卡托投影法」，呈現出扁平但面積扭曲的世界，相對位置一目瞭然，輕鬆就能找到特定地點。但是，面積卻因此失真。

麥卡托地圖裡最大致命傷──莫過於格陵蘭看起來居然跟非洲一樣大，實際上兩者大小天差地別。非洲到底有多大？把美國、中國、印度、日本、大部分歐洲國土都塞進非洲，還會有剩餘空間喔！

超幽默地名

歡迎蒞臨
「枯燥村」
姊妹聚落：
美國奧勒岡州無聊鎮
安全駕駛

- 蘇格蘭比特島的臀部角
- 英格蘭南格洛斯特的貓腦鎮
- 美國德州的叮咚區
- 南極洲的執委山脈
- 馬達加斯加安帕尼希的古古古古鎮
- 加拿大亞伯達省的碎頭野牛跳崖
- 美國奧勒岡州的笨蛋莊
- 荷蘭南荷蘭省的怪物鎮
- 澳洲珀斯的失望山
- 英國杜倫的求憐憫村
- 加拿大魁北克省的聖路易哈！哈！
- 布吉納法索錫西里省的傻瓜縣
- 紐西蘭的塔烏瑪塔法卡塔尼哈娜可阿烏阿烏歐塔瑪提亞坡凱費努啊奇塔娜塔，簡稱塔烏瑪山

生態變化多端

生態系統非常複雜，由多種動植物與其他生命型態組成，彼此互相依賴、共存共榮。

都市叢林

　　人類每年都讓愈來愈多「野生」生態系統變成都市生活一部分。**全球將近55%的人口住在都會區，**聯合國推測到了2050年就會增加至68%。

　　儘管人類步步進逼，動植物也不會因此消失，適者生存！例如：在都會區的鳥可以順應環境噪音改變音量、音調，叫聲更響亮高亢，遠勝其他生態系統的同種鳥類。

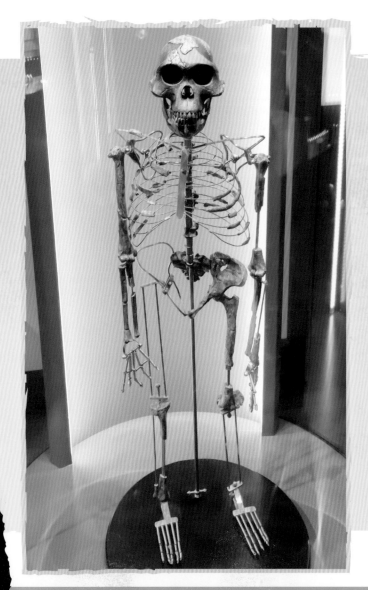

嚴峻之地

達納基勒窪地生態系統橫跨非洲厄利垂亞與衣索比亞兩國，《國家地理》雜誌曾稱此地為「地表最殘酷環境」。達納基勒窪地平均氣溫為攝氏34度，有深海熱泉噴口、溫泉、遼闊的鹽盤曠地、化學沸湖，以及埃特阿雷活火山，縱使當地難以生存，**考古學家仍在此地發現了古人類「露西」（左圖）的化石，他堪稱是人類最古老的祖先之一。**

生物群系知多少

全球最大生態系統是寒帶森林，也稱北方森林或雪林，綿延不絕的寒林遍及北歐至亞洲。北美洲的加拿大與阿拉斯加等地也能看到獨有的寒林生態。

熱帶雨林枝繁葉茂的遮蔽下，推估只有2%的陽光能照射到雨林地面。

珊瑚礁生態系統提供全球四分之一海洋生物棲息地，對海洋生態系統影響深遠。然而，現今大多數的珊瑚礁（上圖）都在海水暖化中掙扎求生，**1980年代中期以來，全球約有半數珊瑚礁喪生**，推測到了2050年就會損失90%的珊瑚礁。

寒流肆虐沙漠

沙漠可不是全都熱氣騰騰，也有冷冽刺骨、雨量極少的寒漠。**其中要屬中國與蒙古境內的戈壁沙漠（上圖）最為著名，冬季最低溫達攝氏負40度，**夏季溫度則可能飆升到攝氏45度；格陵蘭、伊朗、智利等國境內也有寒漠，甚至非洲南部也有喔！夠出乎意料吧！因為非洲南部受冷洋流影響，降雨極少，從而形成納米比寒漠。至於南極大陸，儘管它擁有「極地沙漠」的稱號，眾多科學家仍認為南極洲屬於寒漠地形喔。

人跡罕至

人類有幸居住在美麗的水藍色星球，某些「怪美的」奇幻自然現象也與我們共享同一片沃土！

岩洞聖堂

智利的大理石洞穴（右圖）坐落於阿根廷邊境的卡雷拉將軍湖。數千年來石灰岩飽受水流沖刷形成壯觀岩洞。

洞穴本身僅白灰兩色，在湛藍湖水的反光映照下，呈現深淺不一的迷人藍綠色澤，其中一個知名洞穴還有「大理石教堂」的美譽。

微型沙漠

　　加拿大育空地區的卡克羅斯沙漠僅2.2平方公里大（下圖），以最迷你沙漠聞名全球。 它的成因是1萬2,000年前冰河磨蝕。育空地區的自然溼度不低，也難怪有人唱反調認為卡克羅斯不算沙漠，頂多只是一些沙丘。

　　總之，只要沿著阿拉斯加高速公路，前進至白馬鎮南邊即可抵達卡克羅斯沙漠（就當它是沙漠吧！），夏季有沙丘滑板運動，冬天則可滑雪，很受歡迎喔！

漫步月球

希臘米洛斯島（右圖）的薩拉基尼科海灘是白色火山岩地質，多年來受風吹浪打造就了「超現實」的外型，**被譽為「月亮海灘」**。岩石下則有密密麻麻的廢棄礦坑，因為古希臘人曾在裡面挖礦並開採硫磺。

空中之島

　　人們在提到生態系統時多半會採用水平分布的思考方式，但其實有些生態系統是垂直「飛天」的喔！

　　位於特定山區、山巔和山腳有著截然不同的生態系統──「天空島」，這個詞的誕生要感謝美國亞利桑那州奇里卡瓦山脈：山腳是沙漠氣候，夏季乾熱，冬季則是稍微潮溼溫和氣候；然而來到海拔2,743公尺處更加溼冷！山巔降雨量甚至是山腳的兩倍。

　　天空島遍布全球各地：非洲坦尚尼亞的吉力馬札羅山（下圖）、巴布亞紐幾內亞的威廉峰、臺灣的玉山、墨西哥的塔毛利帕斯山脈、西伯利亞地區的貝加爾山脈，以及橫跨蒙古、哈薩克、俄羅斯與中國的阿爾泰山脈等等。

天有不測風雲

名作家馬克．吐溫曾寫道：「氣候只是預估狀況，天氣才是現實生活。」但有些地區的氣候卻完全顛覆想像！

雷霆燈塔

委內瑞拉卡塔通博河的存在，推翻了「雷不會重複劈中同一地」的說法！位於委國西北方的卡塔通博河流入馬拉開波湖，**匯流點附近每年有長達八個月的夜晚，幾乎都會閃現狂猛雷暴（右圖）！**雷暴現象最長可達10小時，從距離400公里遠處也看得到。也因如此，卡塔通博河閃電成為天然燈塔，指引當地許多船隻航行。據說當年知名探險家法蘭西斯·德瑞克爵士企圖入侵該地，未料被閃電「曝光」行蹤，只好宣告任務失敗啦！

雪國之門？

阿爾及利亞的艾音塞夫拉（下圖）號稱「通往撒哈拉沙漠之門」，它是世界上最炎熱的地點之一。夏季7月最高溫紀錄為攝氏41.9度，8月更可高達42.9度。想像一下，在2018年1月某天，**當居民看見滿地覆蓋著白雪時的瞠目結舌。**然而當地人搞不好比我們想得還鎮定，因為這個地方早在2017年就下過雪啦！何況當時的冰雪暴還更劇烈，某些地方的積雪厚達1公尺，是當地自1970年代後期以來第一場雪。

天降紅雨

古希臘名作家荷馬的大作《伊利亞德》，曾描述天神宙斯天降血雨懲罰人民，轟轟烈烈發洩怒氣！

印度的喀拉拉邦在2001年就曾下過**「腥紅雨」**，科學家分析後指出罪魁禍首是生長在樹皮上的菫青藻屬。世界上還有其他地方下過紅、黃、綠甚至黑色的怪雨，有些是藻類造成，有些是因為塵埃，總之都不是因為宙斯大發脾氣啦！

「撞頭」橫禍

印度北阿坎德邦的路普康湖屬冰川湖地形，位於雄偉的喜馬拉雅山，當地人還幫它取了個驚悚外號：骷髏湖。

1942年，某位公園管理員意外發現這座地點偏遠的湖。湖泊本身不是引人注目的重點，反倒是湖周圍堆了數百個骷髏，保證管理員一見難忘！

從那之後許多年，人們仍找不出骷髏遍布的原因，最後才發現：這些受害者在西元9世紀時同時喪命，不是因為發生戰爭、疾病、飢荒或恐怖的集體自殺。而是一場猛烈雹暴帶來的飛來橫禍，**尺寸如網球般的致命冰雹（上圖）從天而降，造成約300人頭部重創身亡**。現在原地還留有部分骷髏，旁邊還有當年古人使用的石矛與皮鞋。

火龍發威

猛烈火勢不只會吞噬周圍事物，連空氣也會快速升溫、上騰，偶會引發氣流旋轉進而形成**火龍捲（下圖）**。從科學層面來說，火龍捲並非龍捲風現象，因此科學家傾向將這種特殊現象稱為**火旋**。2018年，加州的卡爾市野火肆虐，龐大火旋甚至出現在都卜勒天氣雷達的偵測範圍，看來確實就像火焰龍捲風。

1923年9月，東京南方發生地震，引發高達90公尺的火旋，當地人稱之為「龍捲」現象，東京市區一大半都陷入火旋災區，約4萬5,000人不幸喪命。

植栽知多少

植物可當食物或藥材，還能為愛恨情仇發言喔！
有的甚至堪稱長生不老。

臭屁上桌

    下次要是被迫吃掉菠菜時記得心存感恩，至少沒人要你吃**「佩泰」（Petai，右圖）。這種寬扁豆類為豆科球花豆屬**，是南亞許多地區的常見食物，包括馬來西亞、新加坡、印尼與泰國。它也被稱為「莎透」（sato）。雖然富含營養，聞起來卻像甲烷，就像在聞臭酸雞蛋或下水道氣體的味道，綽號「臭豆」真是實至名歸：**它的確就跟屁一樣臭！**

偉哉巨樹

    與世隔絕的索科特拉島位於印度洋葉門國境內，培育許多獨步全球的動植物生態。

    儘管考古學家已在索科特拉島發現古代城市曾經存在的遺跡，但如今當地已然成為船隻殘骸與奇特植物的根據地，比如說：**樹冠碩大足以遮蔽陽光保護樹根的龍血樹（右圖），切開樹皮後鮮紅樹液「冒血」滲出，**因此得名。

大自然贈藥

　　估計約有15萬種植物生長在亞馬遜雨林（上圖）。從傳統療法醫生到藥廠實驗室裡的專業人士都想破解這座藏藥寶庫、探究神奇療效。以下是關於雨林的有趣新知：

- 已知亞馬遜雨林內約有70%的植物具抗癌功效。
- 茄屬香花據信有助於戒菸戒酒。
- 第一種有效治療瘧疾的藥就是奎寧。奎寧來自金雞納樹樹皮，是秘魯與玻利維亞克丘亞人的生活智慧。而今它也是調製通寧水的原料。
- 當地原住民會把箭矢頂端的箭鏃浸在樹藤的毒液中，現代醫學稱為筒箭毒鹼，適宜的安全劑量下可當成肌肉鬆弛劑，或用來治療破傷風與黑寡婦毒蜘蛛咬傷。

傾訴花語

俄羅斯、羅馬尼亞、西班牙與部分歐洲國家贈花時喜歡湊成單數，據說單數能帶來好運……除了13以外！

白俄羅斯認為黃花象徵死亡或感情不忠。

拉脫維亞認為紅玫瑰並非代表愛情，而是葬禮。

日本所謂的「花言葉」即花語，隱含的意義相當複雜：牡丹訴說勇敢，百日菊是忠誠，金針花卻代表有仇必報！

別惹義大利人不開心！作客時別送繡球花，那可是在暗示對方冷漠無情喔！

政府，法律與政治

全世界現存**最古老法典**《漢摩拉比法典》問世以來，人類持續努力成立理想政府、制定法律，並適時**懲罰違反法律的人**。

英國在**西元1313年**立法禁止穿盔甲進入國會。

中國國家宗教事務局發布第五號命令後,非經官方認可不得自稱「藏傳佛教活佛轉世」,因此轉世的活佛必須註冊領取特殊身分證。

全球現存最古老的法條還刻在2.1公尺高的石柱上(右圖)!這道刻存至今的法條出自於巴比倫帝國君王所制定的《漢摩拉比法典》。

民治民享？

治理國家有許多方式，民主、共產或其他主張都各有千秋。

這是我的黨

美國、英國與澳洲主要為兩個政黨輪替，此種政治模式被稱為「兩黨制」，而其他國家則有不同模式。

例如，北韓就是朝鮮勞動黨一黨獨大，檯面上還有其他兩個政黨，但實際上卻受朝鮮勞動黨控制。敘利亞也有類似情況，數十年來都由復興社會黨把持

國政，其他政黨的存在則是為了營造民主假象。另一方面，以色列自**1948年建國以來，已累計約200個政黨推派總統候選人角逐大位！**以上國家與印度相比（上圖）都是小巫見大巫：印度的政黨總計超過2,000個！

政府，法律與政治

42

政治萬花筒

全球大約過半的國家都是採憲政民主體制，投票選出領導者。**有些國家則採君主及獨裁專制：人民無法選擇領導者。**以下是其他形容政府型態的特殊詞彙：

- **平權政治**：每個公民均享有同等政治權力。
- **惡人政治**：由最惡質、最不合格的人執政。
- **盜賊統治**：深陷貪汙腐敗的政府。
- **莊園主統治**：由莊園地主們組成政府（也因莊園人力來源被稱為「奴隸政治」）。
- **財閥統治**：由最富裕的公民組成政府。
- **專家政治**：由一小群技術專家組成政府。
- **勛閥政治**：必須擁有土地資產才能加入政府（英文雖然是 Timocracy，但別想太多，跟名字叫 Tim 無關啦！）。

天外飛來一國

1964年7月4日，諾貝爾文學獎得主厄尼斯特·海明威的弟弟萊徹斯特·海明威乘坐竹筏從牙買加出航，登陸某座小島後宣布成立「新亞特蘭提斯國」。國民僅七人，他們票選出萊徹斯特成為第一屆總統。萊徹斯特在受訪時表示：**「法律沒明文禁止自行建國啊！」**他說得沒錯，世界上有些自行宣布獨立的微型國家，只是從未獲得正式認可，例如：

- 莫洛西亞共和國（美國境內）
- 西蘭公國（英國外海）
- 赫特河公國（澳洲境內）
- 亞特蘭蒂姆帝國（澳洲境內）
- 旺加蒙納共和國（紐西蘭境內）
- 阿爾卡特拉斯自由共和國（義大利境內）
- 阿赫齊夫蘭（以色列境內）

誰來作主？

當老大開心嗎？多半還不錯！

女性「第一」人

1960年全球第一位女總理出爐： 斯里蘭卡（舊稱錫蘭）的西麗瑪沃·班達拉奈克；6年後英迪拉·甘地擔任印度女總理；1969年果爾達·梅爾女士則登上以色列總理寶座。隨後，又有兩國打破男性領導人傳統，1974年伊莎貝爾·裴隆被任命為阿根廷史上第一位女總統；隔年伊莉莎白·多米蒂恩被任命為中非共和國史上第一位女總統。**瑪格麗特·柴契爾（左圖）則於1979年擔任英國首相。**

夢幻職缺

史瓦帝尼（舊稱史瓦濟蘭）現任國王恩史瓦帝三世是**全球最後一個君主專制帝王**。他擁有15位嬪妃與30個孩子，生活豪奢，每年享有超過新台幣18億的皇室生活津貼。但也因此招來國際批評聲浪，畢竟史國有60%的平民每天僅靠新台幣60元左右過活，許多人還住在簡陋草屋（上圖）。

免「抬頭」景仰

　　心理學中以法國皇帝拿破崙（右圖）命名的拿破崙情結（Napoleon complex），用來形容某些身材矮小的人會比較爭強好勝。然而，拿破崙真的很矮嗎？**歷史學家認為身高為168公分的他，說不上高，但也不是非常矮！**俄羅斯領導人列寧與史達林都比他矮個2.5公分；北韓前獨裁領導者金正日身高只有160公分，恰恰與1960年代高壓統治蘇聯的赫魯雪夫一樣高；長年領導巴勒斯坦解放組織的阿拉法特，以及伊朗總統阿赫瑪迪內賈德，兩人身高都僅有157公分。

　　其實，拿破崙的身高蠻適合擔任領導人，因為知名的亞歷山大大帝和前英國首相邱吉爾也是168公分高喔！

大起大落

　　國家領導人雖位高權重，卻不見得能含笑而終。義大利在二次大戰輸給英美等同盟國勢力後，獨裁領導人墨索里尼（下圖）曾說：「七年前我還是風趣受歡迎的人，現在就跟死人沒兩樣。」當時的玩笑卻在數月後成真：墨索里尼和情婦遭到槍殺，還被吊掛在米蘭廣場示眾。

　　羅馬尼亞暴君尼古拉·希奧塞古與妻子的下場也差不多悽慘。1989年失勢後，**縱使夫妻倆已逃離首都布加勒斯特，卻在不久後被軍隊逮捕、處決。**

　　利比亞前任領導人格達費在政權被推翻後，試圖逃離他高壓統治數十年的國家。然而，他不僅在逃亡中被捕，更遭遇毆打、拖行，甚至還被刀刺，最後頭部中彈身亡。他的屍體還被冷凍起來，向人民展示了好幾天。

人民發聲

投票是公民的責任，但每個國家採用
的方式各有不同。

星期幾出門？

許多英語系國家都會在一週當中挑一天當投
票日，加拿大人是週一，美國人選週二，英
國人則是週四。澳洲、紐西蘭和大多數非英
語系國家類似，都傾向挑選週末的日子，通
常會在週六投下神聖的一票；**事實上除了上
述英語系國家，全球最常見的投票日就是週
日囉！**

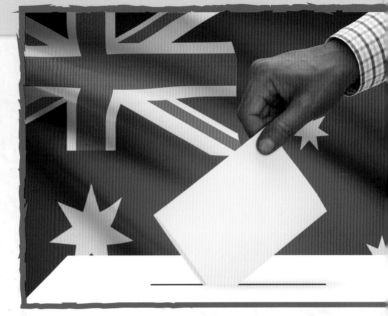

彈珠決勝

非洲小國甘比亞不使用紙本當選
票，而是把玻璃圓珠（下圖）滑進溜槽，
一顆代表一票！每當玻璃珠「滾」入票
甌，防作票機制的鈴鐺就會響鈴一次，除
了讓選務人員知道機器運作正常，更能防
堵選民一次投兩顆玻璃珠來作弊。

或許對習慣紙本投票的我們來說，
「彈珠票」聽來稀奇古怪，但背後可有一
段悠久歷史喔！過去，**古希臘人常用鵝卵
石投票**，把石子投入不同陶罐，表達對不
同候選人的支持。實際上，選票的英文單
字「ballot」就是從法文「ballote」衍伸
而來，意思就是小石頭。

「飛天」選賢

　　不想出門投票的藉口有很多，例如天氣很糟、忙翻了……，最奇特的莫過於任務中的太空人提出的理由：人不在地球怎麼投？

　　美國德州聚集了為數眾多的美國籍太空人，1997年，德州立法准許太空人在外太空投票。巧的是，當年支持新法的德州參議員僅多7票當選，他比任何人更能理解票票皆珍貴，即使遠在天外，也得懇請賜票！每到選舉日當天，不在地球的太空人會收到加密電子郵件，填好回傳就能完成投票。大衛・沃夫就是首位在太空投票的美國人，當年他正好在俄羅斯和平號太空站出任務。

量身「釘」製

　　蘇哈托將軍於1967～1998年間對印尼進行極權統治，競爭對手多半都被他下令冷血謀殺，因此他和所屬政黨每次選舉都「百戰百勝」。

　　印尼選舉採用「鐵釘戳記」：選票上印有候選人照片，釘穿對應號次即可表達支持（右圖）。缺點就是選舉結果太好操控，只要選務人員為另一組候選人戳個小洞，選票就變成不計入結果的無效票。蘇哈托將軍倒是樂見其成！

　　蘇哈托政權瓦解後，有些印尼人主張應廢除蘇哈托慣用的投票方式。於是2004至2008年間，印尼改採一般紙本投票的方式，但過程並不順利，多數選民拿了筆卻不在欄位畫上註記，反而在選票上戳個洞。因此，印尼只好改回用鐵釘戳記選票的傳統囉。

保衛家園

多數國家都有軍隊組織守衛邊界，但有多種不同的運作方式。

富國「強」兵

全球約有60個國家的國民有服兵役的義務，年輕男性（部分國家也要求年輕女性）必須完成一定年限的兵役。

- 巴西要求年滿18歲的男性國民應服役10～12個月不等。
- 厄利垂亞規定年輕男女都必須服役18個月。如果不符軍隊需求，則會另外安排文官的工作。不幸的是，國民實際服役期間可能遠超過18個月，有些人甚至當了好幾十年的兵。
- 以色列明定男性必須服役3年，女性則為2年。
- 北韓強制男性必須服役10年、女性7年；持有大學學歷者則「只需」服役5年，具科學領域學位者則又縮短為3年。
- 瑞士要求男性必須服役21週，女性則無強制規定，但她們也可以選擇服役。

衝突一瞬間

史上最短軍事衝突發生在1896年8月27日，大英帝國對尚吉巴蘇丹國（現為東非的坦尚尼亞群島）發動攻擊。

當時，尚吉巴蘇丹（即國王）圖瓦伊尼在8月25日過世，死因可能是遭親戚巴伽什謀殺。而巴伽什打算趁機自立為王，但大英帝國可不同意，於是在8月27日早上9點2分發動轟炸（左圖）。巴伽什前後花了38分鐘才從廢墟中逃出投降，整場「英尚之戰」在9點40分落幕。

吃飽好打仗

對行軍時的士兵而言，在廚房好好料理一餐根本是場幻想，他們只能靠野戰口糧生存。野戰口糧又稱MRE口糧（即食餐包，如下圖）。

每個國家設計的MRE口糧各有千秋。**印尼的MRE口糧搭配隨行火爐、燃料碇與火柴**以供隨時加熱食用；義大利版本沒有爐子，倒是附了**牙刷與牙籤**。各國的野戰口糧都保有家鄉風味：美國版有**烤肉醬**，澳洲版有**維吉麥醬**，南韓則搭配**泡菜**。

國際維和部隊駐紮的阿富汗巴格拉姆空軍基地中，各國的士兵們時常交換口糧。但基地裡的口糧「身價」各有不同：1包法國口糧得用5包美國口糧來換！

「數大」就威風

根據英國的國際戰略研究所統計，以下五個國家的現役軍人編制最龐大：

· 中國：2,035,000名現役軍人
· 印度：1,395,100名現役軍人
· 美國：1,348,000名現役軍人
· 北韓：1,28,000名現役軍人
· 俄羅斯：900,000名現役軍人

軍力排名倒數的五個國家如下：

· 甘比亞：800名現役軍人
· 巴貝多：620名現役軍人
· 賽席爾：420名現役軍人
· 安提瓜及巴布達：180名現役軍人
· 海地：150名現役軍人

守法至上

從立法可看出各國不同價值觀下的優先次序，
有些國家自有獨到見解！

寂寞金魚

　　2008年，瑞士政府通過縝密周全的動物保護法，針對不同寵物詳列不同規範。舉幾個例子來說：狗主人應自費參加寵物照顧班；養天竺鼠的籠子不得小於特定尺寸；**不能讓一隻金魚獨居（右圖），至少得養一對，不然金魚會太寂寞！**也不能只養一隻鸚鵡。養貓的話倒是允許只養一隻，前提是主人要帶貓咪出去與其他同類社交。

驗明「證身」

　　依據中國國家宗教事務局第五號命令，轉世輪迴不僅必須經過官方認證，且轉世後還得登記領取特殊身分證。政府何必大費周章？都是為了西藏。

　　西藏雖然在中國境內，多年來卻不斷抗拒政治勢力的控制。**對西藏人而言，最重要的政治宗教領袖就是達賴喇嘛。**西藏僧侶虔誠信奉佛陀教導（左圖），深信每次輪迴轉世後的達賴喇嘛都是前任的靈魂重生，而且不限於最高領袖，他們相信其他高階僧侶也能透過輪迴轉生。

　　第五號命令聽起來荒唐，但應可推論中國當局打算藉此強勢地掌控藏傳佛教信徒，其中更針對達賴喇嘛。

不得貪心

西澳大利亞州明文規定，**人民不可擁有太多馬鈴薯（上圖）**。因為澳洲馬鈴薯農民希望透過限制進口，減少市場上的馬鈴薯數量，就能夠提高國產馬鈴薯的價值。對此，上限50公斤的規定應運而生，但這倒也足以吃上好幾天、不成問題！

死神休假中

法國的萊拉旺杜市坐落於蔚藍海岸地區（下圖）。西元2000年，市長立法禁止「死亡」，**不允許任何人死在萊拉旺杜市！**原因是當時市長與反對建造新墓園的地區規劃委員會爭論不已，無奈當地迫切需要新墓地，最後才催生出這條法令。儘管「禁死」法令讓萊拉旺杜市聲名大噪，實質影響力卻很小！市長受訪時表示：「人還是免不了一死，真是太慘了。」

LE LAVANDO

「法」力無邊

瑞士禁止晚間10點後沖馬桶，避免噪音汙染。

薩摩亞規定不得忘記妻子的生日。

阿拉伯聯合大公國禁止在公眾場合親吻，違者可能得坐牢。

馬來西亞禁止安裝衛星信號接收器收看外國節目，罰款高達數十萬美金。

得不償失

古怪的犯罪類型層出不窮，超乎常人想像。

收信愉快

2016年「巴卡雷·騰德博士」寄發電子郵件，為親戚「阿巴查·騰德上校」求援。信中表示阿巴查是第一位飛上太空的非裔太空人，現在卻孤身一人被留在蘇聯最高機密太空站，只要收信人捐款協助阿巴查返回地球，成功後就能分享阿巴查的鉅額財產。

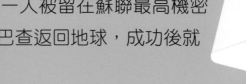

如果你看到郵件後疑心大起，想說這個人真的存在嗎？

恭喜喔，你躲過了「奈及利亞電郵騙局」。這場騙局源自19世紀中的「西班牙囚徒騙局」：當時有個騙子寄信聲稱某個富有王子被綁架，如果願意出資拯救被綁架的王子，日後家屬會慷慨分享家產。現代社會則稱之為「預付款騙局」。

外界認為奈及利亞電郵騙局是把前人版本改成電郵而已，但實際上電郵版的犯人當初只是想騙錢，壓根沒想過抄襲啦！況且這場騙局雖號稱「奈及利亞」電郵，但從美國寄出的詐騙信卻跟奈及利亞寄發的一樣多。

名譽如珍寶

土耳其憲法中有個稀奇條款，完全超乎西方民主世界想像：憲法第301條明定不得「公開詆毀政府官員」，否則得坐兩年牢。

2015年，某則臉書貼文讓土耳其總統艾爾多安「感到受傷」：貼文者拿電影《魔戒》裡的角色「咕嚕」（上圖）影射總統本人。這位叫希弗奇的醫生，隨後就因違反土耳其憲法第301條被逮捕了。

由於電影《魔戒》改編自名作家托爾金的暢銷奇幻小說，於是希弗奇的辯護律師團找來研究托爾金的專家作證，抗辯當時貼文裡的角色是「史麥戈」。依照原著設定，史麥戈是咕嚕比較「開朗溫暖」的人格，因此貼文並不構成對總統的詆毀。

最終希弗奇無罪獲釋，對喜愛奇幻文學的粉絲而言算是共同勝訴吧！

邪惡美食

中國肉品走私市場的利潤豐厚（也算不義之財），因為中國人民的肉品需求量連年攀升，致使中國的畜牧業產量難以負荷；進口肉品又受到嚴格管控，還全面禁止美國肉品進口，反倒給了犯罪集團大顯身手、滿足市場需求的機會囉！

2015年，一批肉品走私者遭逮捕，查獲散售各地、多達10萬公噸的**非法冷凍肉**（下圖）。儘管大多已冷藏40年之久，甚至腐爛，總市值仍接近5億美金。

查緝人員受訪時表示：「整輛車載滿了肉，門一開就飄來強烈臭味，我差點當場吐出來」。

下個案例聞起來香甜些：加拿大史上最大竊盜案，主角正是最能代表加拿大的「楓糖漿」。魁北克省楓糖商會的員工於2011～2012年間「以水換糖」，用虹吸管抽出貯藏桶的楓糖漿後注水調換，再走私到美國佛蒙特州。

破案得歸功於查驗人員。由於裝了水的貯藏桶比裝糖漿時更輕，當查驗人員爬上桶堆工作時，桶子承受不住重量倒塌，罪行才曝光囉！

罪刑相當嗎？

每國處罰犯罪的標準不同，「壞人」是否得到應有的處罰？

獨家酷刑

在古代，竊賊須面對切除四肢的嚴苛刑罰；直到今日，強硬保守派的穆斯林國家依然保有此種嚴刑峻罰，例如：伊朗、奈及利亞、沙烏地阿拉伯、索馬利亞、蘇丹、敘利亞與葉門等國。初犯會被砍掉一隻手，再犯就保不住僅剩的手或一隻腳；甚至有「交叉」處刑的設計，意味著先切除左手或右手，再切掉「斜對角」的一條腿。

最寂寞牢籠

刑事政策研究局的世界監獄簡報資料庫顯示，**2018年全球監禁最少犯人的監獄，前四名國家是聖馬利諾（2名囚犯）、列支敦斯登（10名）、吐瓦魯（11名）與諾魯（14名）。**

根據英國《每日電訊報》報導，聖馬利諾的囚犯人數在2011年才「大幅」提升為2名。基於隱私權，第一名資深囚犯的資訊受到完好的保護，因而獲稱「全球最孤獨囚犯」。照理來說，只需服刑八個月的他早該重見天日了，但他居然跟後來的新囚犯打架，刑期慘遭延長！

名囚故居

位於俄羅斯聖彼得堡的克雷斯蒂監獄（下圖）於1730年落成，原本是酒類的儲藏室，直到1867年才變成監獄。這座監獄關了許多惡名昭彰的政治犯，其中，**革命運動領導人托洛斯基堪稱知名度最高的受刑人。**1917年革命落幕後，關押的犯人全都獲釋，臨走之前，他們還放了把火銷毀所有紙本紀錄。

如今克雷斯蒂監獄已成見證歷史的博物館，聖彼得堡市郊則又蓋了新監獄，暱稱就是「克雷斯蒂2號」，**可容納4,000名犯人，規模傲視全歐洲。**

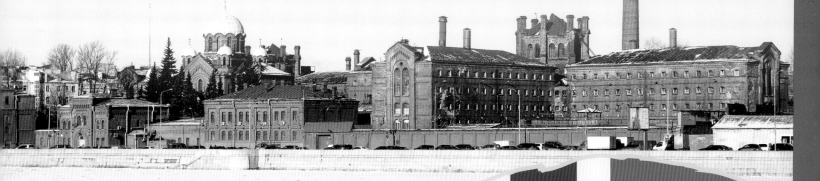

宜家也宜獄

挪威擁有效率高居全球首位的獄政制度，累犯關押（出獄後再犯罪又被關）比例極低，僅五分之一受刑人出獄後再度「回籠」；相較之下美國則高達三分之二。

挪威有不少「開放式」的服刑制度，讓受刑人得以到監獄外工作。像是位於小島上的巴斯托伊監獄，受刑人可以搭船來回工作地點與監獄。儘管巴斯托伊監獄的115名囚犯裡有不少暴力犯，卻只需三名夜班守衛，便可完善監控。**巴斯托伊監獄還被暱稱為「IKEA監獄」，**因為牢房裡陳設的家具看起來就像在瑞典家具品牌IKEA買的。諷刺的是，IKEA因曾在1980年代讓受刑人於服刑期間製造家具，而特地為此發布正式道歉聲明！

人文薈萃

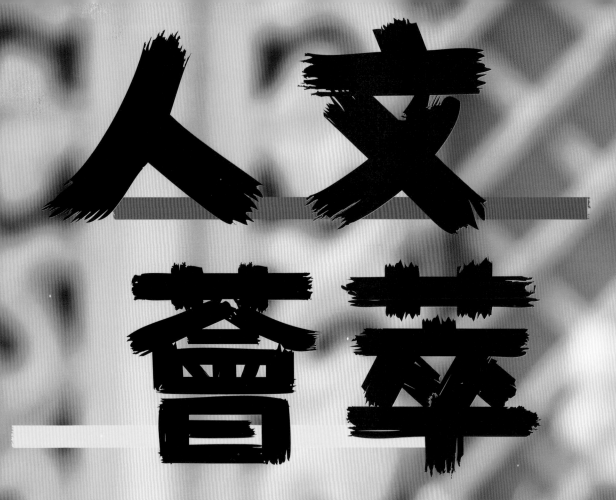

成為特定文化群體的要素是什麼？

出生地？家庭？語言還是衣著？

不同地點的人群給你不同解答！

中國少數民族獨龍族（下圖）的女性，習慣拿削尖的竹籤紋面。可能是因為古時候鄰近部落會擄掠女性為奴，她們才故意在臉部刺青。

衣索比亞的莫西族女人有「不凡」的**唇盤**傳統：下唇鑲嵌著扁平盤碟（左圖）。

歸屬何方？

依據不同定義，全球約有1萬3,000～2萬4,000個不同族群。

中國最迷你民族

中國有56個經正式認證的族群，實際數量可能不只這些。規模最小的少數民族位於中國東北，人們偶爾會以「那乃人」稱呼他們，意思就是「當地、本土居民」；不過他們習慣自稱赫哲族（右圖），原意就是「東部下游地區的居民」。

18世紀時，赫哲族人口約5萬，到了1945年卻只剩下300人。雖說中國自1979年立法實施一胎化政策，但因赫哲族人口急遽減少的緣故，當地不受生育政策限制，反而比照其他少數民族與偏遠地區，鼓勵生育三胎！因此人數穩定成長，現在已約有5,000名赫哲族人。

馬雅遺風

中美洲馬雅文明可追溯至西元前1800年至西元900年，書寫系統、曆法與數學等文化成就聞名後世，不僅有馬雅金字塔矗立至今，連墨西哥與中美洲等地還有許多民族是馬雅後裔喔！

如今尚有500～600百萬名馬雅人後代，他們有30種馬雅語系語言（多數人會兩種語言，也能說西班牙語）。馬雅族群分支包括墨西哥猶加敦半島上的猶加敦人、瓜地馬拉的基切人、貝里斯的凱克奇馬雅人等等。而墨西哥恰帕斯州雨林深處的拉坎冬族，是人數最少、甚至瀕臨滅絕的馬雅族群，僅剩不到300人！

多元南亞

印度是全球人口第二多的國家，也常被喻為地表最多元族群之地，約有三分之二的人口屬於「印度－雅利安人種族」。**但除此之外仍有數百個其他族群**、分支與部落，說著數百種不同方言，包括孟加拉語、達利特語、達羅毗荼語、卡納達語、賈特語、那加語、馬拉地語、帕西語、旁遮普語、信德語、泰米爾語等等，不勝枚舉！

薩恩族第一

非洲南部喀拉哈里沙漠是薩恩族的故鄉（下圖）。薩恩族有時也稱布希曼族，是擅長打獵、採集的遊牧民族，且**可能是現金的波札那與南非兩國「第一批」的先民**。遺憾的是，傳統薩恩族文化正在消失，因當地政府於1950至1990年代進行一連串現代化計畫，迫使薩恩族必須離開日益擴張的土地，最後只能無奈改以農業維生。1980年賣座電影《上帝也瘋狂》，即呈現薩恩族早期的生活方式。由納米比亞籍演員歷蘇飾演薩恩族獵人「奇」，撿到從飛機上掉落的可樂空瓶，讓他與現代世界有了首次接觸！

千言萬語

全球約有7千種語言，來深入了解這個「多聲道」世界吧！

北歐雜談

斯堪地那維亞地區的四個國家各有不同語言：瑞典語、丹麥語、挪威語和芬蘭語。前三種語言互相關聯，例如，說瑞典語和丹麥語的人可能會彼此理解；**芬蘭語則與愛沙尼亞語相近，反而跟鄰居斯堪地那維亞的語言較疏遠。**

古老語言

歐洲庇里牛斯山一帶的巴斯克地區，位在法國與西班牙兩國交界，居民使用巴斯克語。儘管巴斯克地區居民（左圖）和說法語、西班牙語的人為鄰，但巴斯克語卻跟這兩種語言完全無關。**早在此地區納入古羅馬帝國疆域之前，當地居民就會說巴斯克語囉！**

語言
好講究

阿爾奇語，流傳於俄羅斯裏海地區少數幾個村莊中。此語言把性別視為「四種」，而不是只有男女；動詞變化也比英語複雜，例如：表達確信或懷疑時，得使用有些許差異的兩種動詞。

南非語的由來是當初荷蘭人移居南非，將荷語和南非當地土語融合而成。但多年來南非語早已改頭換面，如今不管說荷語、南非當地土語或南非語，都很難彼此理解啦！

亞馬遜雨林區（下圖）的麥西河沿岸有個皮拉罕部落，皮拉罕語只使用三個代名詞，甚至沒有過去式，也沒有代表顏色、數字的詞彙。

老友交流

儘管墨西哥人多半慣用西班牙語，但墨國境內還有68種原住民語言。最多人使用的就是納瓦特爾語，約有140萬人會講；另一方面，墨西哥塔巴斯科州有個「阿亞帕涅科語」卻只剩兩人懂，分別是曼紐和依西德洛兩個老活寶。雪上加霜的是幾年前兩位老人鬧翻、拒絕交談！幸好，兩老終於在2014年和好，現在合作開設學校教小孩說阿亞帕涅科語。

有口難言

詞彙有什麼學問？用字遣詞請小心謹慎！

德語神造詞

德語的特色是有非常多活靈活現的複合詞，各種神奇搞怪的詞彙應有盡有，且無從在其他語言找到同義詞！例如知名的「維許梅爾茲（Weltschmerz）」一詞代表「世界痛」，泛指人生現實帶來的痛苦。**以下就是幾個德語複合詞**，以字面意思釋義單詞：

- 渴望遠方（Fernweh）：但願自己不在此地的渴望。
- 開腦洞（Kopfkino）：對某個情境的想像，字面意思是「腦內電影院」。
- 關門恐懼（Torschlusspanik）：對未能及時達成目標的深切恐懼。
- 樓梯玩笑（Treppenwitz）：字面意思是「樓梯間笑話」，意指交談結束才想起的絕妙回應。
- 弄巧成拙（Verschlimmbessern）：想要改善狀況卻弄得越來越糟糕。
- 吃霸王餐（Zechpreller）：去餐廳點菜卻故意不付錢跑掉的人。

「非」常問候

史瓦希利語是非洲最多人會說的語言，估計約有1億人使用，但這當中只有500萬人是母語使用者，對其他人而言它只是第二（或第三、第四）語言。就像英語一樣，史瓦希利語屬於通用語，讓母語不同的非洲人也能藉此溝通。

超難是非題

多數語言的「是非」問句，只有肯定或否定兩種答案；但俄羅斯人自有一套複雜回應：俄語「打（да）」表達是、「聶特（нет）」表達不是，你以為就這樣而已嗎？「聶特、聶特、聶特」才不是呢！

俄語常見的「打－聶特－納維諾（да нет,наверное）」，意思是「好但也不好、也許囉」，或「是但也不是、可能吧」，基本上就是委婉拒絕，近似「不要好了」或「不是耶」。例如：你跟媽媽要東西，結果她回「打－聶特－納維諾」，聽起來像答應，但其實她拒絕了啦！

反過來還有「努、打」（ну,да 那好吧）和「打－納維諾」（да,наверное 好，也許囉）的委婉回覆，代表說話者並非100%肯定。

語言好講究

阿爾巴尼亞語有27種形容鬍鬚的不同詞彙，還有27個眉毛造型詞喔！

西班牙語中的「松布瑞梅莎（sobremesa）」字面看是「甜點」，但其實是指大家共同進餐、交流的美好時光。

威爾斯語「庫趣」代表擁抱，拼音「cwtch」是最長的無母音單字。

英語最長單字就是化學物質「肌聯蛋白」的正式名稱，總共有18萬9,819個字母，得花上三小時半才能完整發音！

睿智箴言

諺語是很值得運用的人生建言，把對人世的真摯觀察濃縮成精華！

一傳十、十傳百

古巴有句格言：**「太陽為每個人升起。」** 表示人們不分貴賤，都能享受陽光。由於古巴奉行集體主義，完美體現此話意涵。

不過先想一下：這句話到底是源自古巴還是中國人？

諺語有種特性，即是大家聽過後就再轉述、重複、翻譯，甚至因地制宜改編，隨著時間流逝就愈來愈難追溯源頭，但本質上仍屬於每個人。

再想想黃金定律：「無論何事，你們願意人怎樣待你們，你們也要怎樣待人。」雖然很多人以為這句話出自於《聖經》，但古埃及傳說《能言善道的農民》也出現相同教誨，該傳說可追溯至古埃及中王國時期（西元前2050～西元前1710年）；連佛教、印度教、錫克教、猶太教、伊斯蘭教與祆教都有相同的教義喔！

幸運數字 9、18、99

歐美的中國餐廳通常會在客人用餐結束後送上幸運餅乾，裡面暗藏寫著諺語的紙條（下圖）。雖然它是中國餐廳的傳統，**但非中國人原創**，可能是20世紀初舊金山的日本餐廳發明，加個「可能」是因為幸運餅乾的身世眾說紛紜。總而言之，除了「中國本土」以外，幸運餅乾風行全世界！

響亮口號

　　成功的抗議活動絕對少不了響亮口號，而凝聚好幾世紀、充滿古人智慧的格言是口號的最佳選擇！

　　「**他們想要埋葬我們，卻不知道我們是種子。**」這句話的西班牙文版成為2013年墨西哥民眾對政府的抗議口號。近期也常在美國抗議川普反移民政策的活動中見到。此話從希臘詩人迪諾斯1978年的詩句衍生而來，諷刺的是迪諾斯本人很少踏出希臘領土，筆下詩句卻在世界各地流傳。

智慧金句

日本：跌倒七次，站起來八次。

西班牙：跟你聊八卦的人，暗地也會八卦你。

非洲約路巴文化：砍頭也治不好頭痛。

俄羅斯：無知並不可恥，可恥的是不明白自己無知。

蘇丹：王座再大也無法塑造偉大的王。

丹麥：航行出發時，請考慮如何划回來。

印度：人生就像座橋，過橋就好別在上面蓋房子。

斯洛維尼亞：說出真話，說完就馬上離開。

阿根廷：虛偽朋友的舌頭比刀還利。

愛爾蘭：嘴巴會誤事，常讓鼻子被打斷。

牙買加：豬只會發出呼嚕聲，別期待太多。

衣索比亞：罪惡滲透時像針，又如橡樹般蔓延。

北美印地安納瓦荷族：裝睡的人叫不醒。

巴西：團結凝聚力量。

布吉納法索：雞要是知道去市集是要被宰來吃，牠就不去啦！

澳洲：帽子戴愈大的人，實際財產愈少。

挪威：不閱讀等於全盲。

怎麼叫我都可以！

名字有什麼學問？學問可大囉！

無名小娃

索馬利亞的嬰兒出生後40天內無法正式命名。家長會利用這段時間跟親朋好友討論取名，或請教伊斯蘭教教長（或稱「伊瑪目」）提供意見。雖然家長多半會為孩子取穆斯林的名字，但挑傳統索馬利亞名字也未嘗不可。總之都得過40天後才能舉辦命名儀式。

漢字有陷阱

　　日本人取名時會以「中文字」（日文的漢字）當成象徵，通常會挑1至3個漢字。但漢字麻煩的地方是，**同個漢字可能有不同意思，得憑上下文或寫法來分辨。**

　　有時西方人取日文名字時，會挑唸起來像本名的漢字，但可能因此出錯！例如英文名叫「克里斯」，寫成日文漢字就是「躯里子」。發音唸起來的確就像英文「咕利酥」，但真正的意涵卻是「屍體寄養小孩」。可憐的克里斯應該完全不想要這種名字。

兒女都是寶

冰島人姓氏多半以父親名字為根據（有時會以母親的名字）。如果是兒子，就在姓氏最後加個「son」，女兒則以「dóttir」結尾。例如冰島總統古德尼的本名是「Guðni Jóhannesson」，表示他叫「Guðni」，是「Jóhannes」的兒子；古德2016年大選中所擊敗的一名候選人海拉，本名「Halla Tómasdóttir」，表示名為「Halla」，是「Tómas」的女兒。再舉一例，冰島知名足球員海達爾，本名「Heiðar Helguson」，代表他叫「Heiðar」，是「Helga」的兒子。有些人的姓氏採用雙親名字，例如政治人物道格爾的本名是「Dagur Bergþóruson Eggertsson」，代表他叫「Dagur」，是「Bergþóra」（母親）和「Eggert」（父親）的兒子。

冰島語中沒有對應「先生」或「女士」的用語，因此他們會直接稱呼名字。通訊錄索引也僅以名字造冊，並按字母順序排列。

神與人有別

沙烏地阿拉伯人取名時通常融合「名字、父親名字、爺爺名字與家族姓氏」，其中，家族姓氏則來自所屬宗族。一般而言沙烏地人不會稱呼全名，生活裡多半只簡稱本人名字，或以本人名字加上姓氏稱呼。

父母幫小孩命名的前提是，須遵守沙國政府特別規定，例如禁止用「琳達」這種西方國家的名字；此外也不可褻瀆真神，例如「Malak」（天使）、「Nabi」（先知）或「Tabarak」（受祝福）等，都是被禁止使用的名字。另外，**可取名叫「Abdul」，但不可取成「Abdul Nasser」（阿布杜拉・納瑟），因他在1952年協助推翻埃及帝國體制。**又或者不可命名「Binyamin」，因為會跟以色列政治人物納坦雅胡（本名Binyamin（Benjamin）Netanyahu）撞名！

人類起源說

人類從何而來？不同文化的解讀反映價值觀差異、歡慶或恐懼的起因。

女神與金餐桌

牙買加河之女神（或稱河之聖女）傳說有點像美人魚：原本河之女神擁有人的模樣，卻又能在轉瞬間變成水流。**祂可以活在每種水源當中，魚兒就是祂的子嗣。**在某些傳說版本中，許多人想偷河之女神珍藏的金餐桌，但偷兒們的下場是被女神拖進河中淹死。這個故事告訴我們別貪婪，否則女神會懲罰你喔！

你追我跑

巴西民間傳說中，薩奇（Saci，右圖）是淘氣可愛、有時邪惡的角色。舉凡玩具不見、蛋沒孵出雞、牛奶過期變質都會怪到薩奇頭上！據說薩奇是抽著菸斗的小精靈，**因參加卡波耶拉（或稱巴西戰舞）時慘敗**只剩一條腿。若你幸運抓住薩奇並將祂關進瓶子，就能許願請祂幫你圓夢。不過請對祂好一點！因為薩奇最終還是會逃脫，別讓祂成為捉弄你一輩子的敵人。

天神說了算

東非國家吉布地的阿法爾族（下圖）如今信奉伊斯蘭教，但古老傳說仍沿襲信教前的歷史傳統，例如關於世界起源的悲慘故事。據說**天空之神（也是創造世間萬物之神）指示第一個男人為自己造棺材，做好後天空之神就把男人關進棺材**，天降焰火在棺材上長達7年！7年後男人終於出了棺材，在天空之神創造的新世界中生活。不久後，他就開始覺得寂寞，於是神拿了男人的血造出另一個女人。這對男女總共生了30個小孩，但實在太多了，所以天空之神就把一半小孩變成了動物與惡魔。

鎖蛇出沒

斯里蘭卡是位於印度洋上的小國，當地人非常看重蛇，島上約有100種不同的蛇，其中約有30種帶有毒性。有些蛇可是深受當地人喜愛，**據稱眼鏡蛇（右圖）是已故親人輪迴投胎的結果**，看到眼鏡蛇會帶來好運；但其他蛇就很恐怖啦！最恐怖的就是鎖蛇，當地人認為鎖蛇可以活200年以上。鎖蛇終於死去後，還會長出翅膀開始飛翔，人只要被翅膀碰到就會死掉。傳說中鎖蛇有個邪惡的臨終儀式：斷氣前身軀爆開，體內的毒蠍、毒蜘蛛和蜈蚣竄出滿地跳！

人要衣裝

丹寧褲和運動鞋也許「征服全球」，
但某些地方仍保有獨特穿衣風格！

赫雷羅風格

　　赫雷羅族是非洲南部的原住民，主要居住地為納米比亞與波札那。當地女性習慣穿著長袖厚重的連身裙（右圖），這在炎熱的非洲令人嘖嘖驚奇！其實這是從19世紀遺留至今的傳統，當時德意志帝國統治此區，要求赫雷羅人遵照英國維多利亞時代的價值觀「端莊示人」。

　　赫雷羅族女人至今仍維持相同打扮，但並非對德國統治心存懷念，畢竟德國曾蓋集中營滅絕幾乎四分之三的族人。她們是為了致敬驅逐德國勢力並**振興赫雷羅族的祖先！**現在，她們早已揮別維多利亞時代風格，換上一襲反映非洲特色的織品與顏色的縫製服飾。

復古無極限

　　世界上有全國穿衣守則一致的國家存在嗎？不丹王國就有喔！

　　不丹王國夾在中印兩國之間，國土很小，在兩大強權的緊逼之下，不丹人非常看重國家認同感。1989年不丹宣布全國人民都要穿著傳統服飾，男性都得穿不丹語叫「幗」的及膝大衣，**女性則得穿著蓋到腳踝的「綺拉」長裙與「泰戈」外套（右圖）。**顏色、質料與配戴的首飾則反映不同身分地位。

　　如今不丹人維持相同穿衣習慣，但規定寬鬆許多。只有前往公家機關、學校與特殊場合時必須穿著傳統服飾，其餘時間可自由打扮，但仍有不少人持續穿傳統服飾出門喔！

戴帽不冒失

艾瑪拉族居住在安地斯山脈與阿爾蒂普拉諾高原，遍布玻利維亞、秘魯、智利等三國境內。3,000年前艾瑪拉族祖先就在此定居，比印加帝國還早。艾瑪拉族男人戴著當地語言稱「鹿曲（lluch'u）」的知名帽子，配色鮮豔、帽頂尖尖，長度蓋過耳朵（下圖）。女人則戴小圓帽（小插圖）。據說這款小圓帽在19世紀初飄洋過海而來，本來要給英國殖民者配戴，但尺寸太小，英國人就轉贈當地女性。小圓帽深受愛戴的緣由是**相傳它有助於治療不孕**。現在艾瑪拉族女人還是喜歡小尺寸圓帽，而且會用髮夾固定、俏皮斜戴。

步行萬里路

繡花鞋展現美麗的中國傳統刺繡，代價卻是痛苦到近乎殘廢的犧牲：只有自幼裹足的女性才穿得下！

尖頭靴屬於墨西哥服飾，超誇張鞋尖可長達好幾公尺。鞋頭還有蛇頭、迪斯可球或其他造型。

阿赫內馬涼鞋來自迦納，傳統採木質或其他植物為原料，原本只限酋長或身分高貴人士才能穿。

木屐（下圖）是日式涼鞋，原為藝妓專屬鞋履，採夾腳設計且鞋跟相當厚，好讓腳不會碰地。

木鞋源自荷蘭，現存最老的一雙在13世紀中就做好囉！

時間優勢?

時間和日期對每個人「一視同仁」嗎?絕對不是!

現在幾點?

中國雖然是全球第四大國,卻**只有一個時區**。假設中國最西邊與阿富汗交界的新疆喀什現在是晚上8點,即使往東5,000公里,來到南中國海沿岸的上海市也還是晚上8點。追根究柢就是中國政府說了算,全國共用標準時間!

中國在1912年時將時區劃分成5個,但只維持到1949年,當時中華人民共和國正式建國,宣布全國單一時區。有趣的是,**儘管號稱「北京時間」,實際上跟北京(左上圖)毫無關聯**,反而是以國境正中央的陝西所在時區為準,其他地區中國人的生活起居就自然而然同步進行囉!

日升月落

全球最普及的曆法是格列高里版本日曆,於1582年由教宗格列高里八世首創。它是**太陽曆**,以地球繞行太陽所需天數為基準,替代了從西元前43年開始採用的凱撒大帝儒略曆。雖然儒略曆也屬於太陽曆的一種,但並不符合地球繞日的實際天數。

伊斯蘭曆**則屬陰曆,依據月亮圓缺**編定。信奉伊斯蘭教的國家將格列高里曆用於非宗教活動,傳統穆斯林節日則遵循伊斯蘭曆(上圖)。類似的例子還有佛教與猶太教曆法,均採「陰陽合曆」,同時考量日月運行。東正教曆法則沿用儒略曆,因此東正教復活節總是比天主教復活節來得晚!

昨是今非

國際換日線其實是一條從太平洋把全球日期一分為二的**虛構界線**。**地球自轉下，國際換日線等於是分隔星期一到星期二的交界**，以此類推。

薩摩亞島（右圖）就位於國際換日線上，曾是每天地表上最晚看到日落的地方。過去很長一段時間，薩摩亞島的觀光宣傳口號是：「**自在悠活、活在昨日！**」但在2011年發生驚人劇變：薩摩亞直接從12月29日跳到12月31日，等於12月30日消失了！主要是為了更換時區，薩摩亞才會「時空之旅」跳到換日線另一邊，以便更緊密地配合重要貿易夥伴紐西蘭、澳洲兩國的日期。

終於，薩摩亞不再是地表最晚日落之地，但還是很幸運：從此領先全球迎接日出啦！

亂中有序

現行月份名稱實際上「順序大錯亂」。考察拉丁文原意，9月原本應排在第七，10月第八，11月第九，而12月其實是第十個月，到底發什麼事？

從源頭說起：原本羅馬帝國的曆法只有十個月，**一年之始從代表「戰爭之神」火星的3月起算**（當時普遍相信新年適合打新的戰爭）。直到羅馬皇帝龐皮利烏斯（西元前753～673年）為曆法多加兩個月：1月代表「門戶之神」放在第一，原本新增在年尾的2月則在不久後挪到第二。

龐皮利烏斯當初還創造了閏月（工作月），使得羅馬最高宗教領袖可以隨心所欲讓某年多一個月。直到西元前43年凱撒大帝（左圖）取消閏月，還把舊羅馬曆其中某月重新命名來紀念自己！

人生階段

每個人一生都經歷一段相同進程：**出生、從小孩變成大人、年歲漸增**（能長命百歲當然更好！）最後邁向死亡；**文化不同慶祝轉變的方式也各異其趣！**

西非沃達貝族（右圖）每年都有「偷妻節」（當地語稱「格萊沃爾，Gu'rewol」），一如字面意思：男人會穿上傳統服飾，試圖吸引別人妻子注意。

希臘的**伊卡利亞島**（下圖）號稱「忘憂不死之島」。全島有三分之一的居民都活到90歲以上，也不算浪得虛名！

日本女性會在西洋**情人節**送身邊男性友人甜點、禮物，反而不是男送女。

歡慶零歲

每個文化都認為新生兒加入值得慶賀，不僅凝聚群體也不忘折騰大人！

暖暖毛毯

在某些國家，把嬰兒放在戶外小睡片刻非常普遍，且不限於特定時間，一年到頭都是如此！猜猜看在哪？溫暖的加勒比海群島對吧？

答案是冰島、芬蘭、瑞典和挪威等國。北歐國家的父母認為不必刻意避寒，應該多讓低齡孩童待在戶外。因此，即使雪花漫天飛，父母也讓小朋友在戶外睡午覺，他們聲稱這樣才能更健康茁壯。

但也別太擔心，瑞典首都斯德哥爾摩的一位母親受訪時表示：「溫度掉到攝氏負15度時，我都會用幾條毛毯蓋住嬰兒車。」Tak, Mamma！（瑞典語：謝啦，媽咪！）

眼明手快

印度索拉普的伊斯蘭神殿「巴巴烏梅爾達加」，每年都聚集不少信眾延續700年傳統：**從屋頂把嬰兒往下丟！**

傳說古時候此地嬰兒死亡率很高，無助的父母向神乞求幫助，而把孩子從屋頂往下拋的舉動是為了展現對神的信心，據說會憑空出現吊床接住小孩（病情就會好轉），使孩子安全落地。

儘管當地政府極力勸阻，索拉普人卻依然故我。還好現在會有群男人站定位，做好接住嬰兒的準備，以免神的魔法失靈啦！

再遊人世

峇里島（右圖）傳統文化中，新生兒是迎接已故祖先靈魂的神聖器皿，因此得時常抱著出生3個月內的嬰兒，不可碰到地面。**3個月過後，會舉辦當地語稱「提岡歐達郎，Tigang Odalan」的儀式**，嬰兒會與地面進行初次接觸，象徵重返故土，從此就能把小嬰兒放到地上囉。同時也會在儀式中為小孩命名。

壞事成雙

　　某些非洲部落認為生雙胞胎是壞兆頭，如果不巧還是母親首度生產則更不吉利！非洲作家齊努亞‧阿契貝在成名作《瓦解》寫道：伊博族認為雙胞胎是「對土地的侮辱」，應把雙胞胎丟棄在森林等死，好平息「偉大女神」的怒氣。如今，非洲國家厄利垂亞不見得會遺棄雙胞胎新生兒，但雙胞胎和生母可能會被趕出部落。

　　其他非洲部落則對雙胞胎的看法迥異，例如盧奧族、卡倫金族和梅魯族。他們都認為雙胞胎是**神的賜福**，生下雙胞胎的母親更是**女英雄**！依據約路巴族信仰，雙胞胎受雷電神的保護而誕生，因此天賦異稟、擁有超能力。

惡魔飛躍

　　西班牙莫西亞小鎮會在每年6月歡慶「跳嬰兒節」。男人打扮成惡魔（右圖）在街上作亂，最終被制伏並遭到驅逐。別只看惡魔遊行，惡魔跳嬰兒才精彩！

　　跳嬰兒節前12個月當中出生的嬰兒，都會躺在路中央的軟墊上，打扮成惡魔的人就從嬰兒身上跳過，象徵嬰兒的厄運從此轉移到惡魔身上。**「惡魔跳躍」環節過後，就會幫嬰兒洗個玫瑰花浴、香噴噴地歸還父母。**目前為止倒還未曾出過意外啦！

成長茁壯

也許聽來古怪，但「童年」沒有明確定義，現代社會對童年的看法也因文化差異而不同。

異世界訪客

　　許多文化都認為小孩得靠成年人教導才能脫離無知，但西非小部落賓族卻翻轉了這種印象。

　　賓族人認為小孩是過世親人轉世而生，靈魂是從當地語稱為朗比（Wrugbe）的冥界回到人世。由於冥界魂靈無所不知，因此賓族深信小孩可理解世上任何語言；但據說魂靈眷戀朗比冥界，對此賓族父母更應善待小孩、說服祂們留下來。

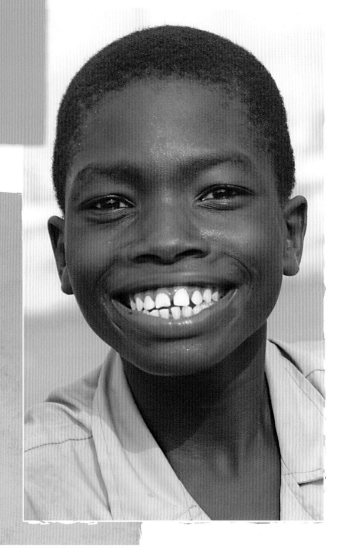

能者多勞

小孩總愛宣稱著：「我可以自己來。」這句話若是由住在非洲中西部的富拉尼族小孩親口說出，那絕非隨口自誇！尤其是富拉尼族小女孩，**剛學會走路就得練習背洋娃娃，好「預習」如何照顧弟妹**；滿4歲後就得肩負照顧弟妹的責任，以及張羅生火用的木柴支援簡單家務；6歲還得開始做奶油、碾穀物，甚至幫母親到市集叫賣呢！

出身定終身

北韓孩童都必須向三個機關登記身分，首先是市政廳（很合理），再來是警察機關（尚可接受），但居然還有祕密警察！

每個孩童的身分證明文件上都有**「出身成分」：顯示所屬社會階層。每個人出生時就決定了階層，終身不可能改變。**北韓分成5個階級：特級、核心、基本、動搖，以及命運坎坷的敵對階級。決定出身成分的兩大因素都跟父親有關，一是父親社會地位，其次是父執輩對「韓戰的貢獻」。父執輩在韓戰出力愈多，階級就愈高。

出身成分全面影響北韓孩童的發展，包括就學、就業與居住地點，低階級北韓人甚至無權住在首都平壤。

因材施教

原住民因紐特族（右圖）居住在加拿大、格陵蘭與阿拉斯加等地，他們稱養育孩童為**「Inunnguiniq」，意思就是「塑造成人」，**且「塑人」責任屬於整個部落，非僅由父母承擔。最主要原則就是把孩童視為獨特個體，針對個人細心養育並給予支持。教育目的也並非利己（例如只是為了工作或賺錢），而是發展深層思考的能力，了解自己在世界的定位。

邁入成年

全球約有12億名青少年與青春期孩童，多半住在亞洲，且超過90%都住在開發中國家。

青春現況

聯合國兒童基金會專門研究孩童與青少年福祉，並針對全球青少年現況定期出版調查報告。以下列舉幾項統計數據。

- 青少年約占**全球人口18%**。
- 約有1.27億名15至24歲的人口不會閱讀或寫字。
- 全球青少年最重大死因是受傷致死，包括交通意外、摔落、溺水與暴力事件。
- 約有220萬名青少年罹患愛滋病，其中約60%為女性。
- 南亞地區15至19歲女性有近三分之一已婚。
- 每年約5萬名女孩在年滿19歲以前就因生產而過世。
- 全球約有五分之一的青少年曾為心理問題所困，例如深感憂鬱或焦慮。

俄式浪漫

自從石器時代某個母親對小孩吼出：「**不准穿這樣出洞穴！**」成人對青少年時尚品味的恐懼擔憂就此展開。普丁政權領導之下的俄羅斯，就曾因黑色唇膏導致全國陷入緊急狀態。

2007～2008年期間，某些強硬派俄國政客開始推行禁令，希望禁止當時所謂的情緒搖滾音樂與時尚，諸如：**黑色服飾、粉頭髮、臉部穿孔與鉚釘皮帶。**他們聲稱此種風格會助長自殺厭世的風氣，因此應頒布禁令「抑制危險青少年時尚」。草案名稱就叫《精神道德教育的政府對策》，不過尚未正式簽署立法。

成年好麻煩

猛背希伯來文誓詞應付猶太教成年禮，或狂練舞步好迎接15歲的生日派對……這些辛苦都不算什麼！其實西方國家的青少年非常幸運，某些同儕為了成年可是飽受考驗。

- 衣索比亞哈瑪爾族（下圖）的男孩，必須在當地俗稱布拉（Bullah）的成年儀式中跳過牛背，**跑過排成一列的牛背且不能摔倒！**另外，無論男女，成年時都得接受長輩鞭打並留下傷痕，藉此展現對部落的忠誠。

- 印尼明打威群島的女孩成年時會**把牙齒削尖**，只因當地人認為尖牙才美，而且全程不麻醉，直接用小鑿子磨！

- 巴布亞紐幾內亞的查伯利族，要求男孩必須用剃刀留下象徵成年的傷痕。刻意製造的疤痕癒合後，看起來就像塞皮克河裡的鱷魚，過程痛苦無比；但重點就在於疼痛：查伯利族深信忍受劇痛就是展現成年男子的能力。

看完後有沒有覺得背猶太教經文就能安然度過成年儀式，根本超輕鬆啦！

友誼長存

各種人際關係當中最受矚目的就是愛情，
但事實上生活更少不了友情。

友情紀念日

很多國家會特別找一天來慶祝友情。據說美國賀曼賀卡公司創辦人霍爾先生，於1930年首度推動友誼紀念日。原本只是商業策略，但如今許多國家都有友誼日，只差在日期不同。

南美洲國家對友誼日特別熱衷，有時甚至太過投入。2005年7月20日，阿根廷首都布宜諾艾利斯行動電話網路遭到癱瘓，而無法向外聯繫，主因就是太多人通話聊天慶祝友誼日。

哥倫比亞的「愛與友誼日」是9月15日。友誼日訂在這天好呼應當年賀曼賀卡公司「促銷精神」：因為哥倫比亞9月份沒有其他節日！

巴拉圭慶祝友誼日的方式類似「神祕聖誕老人」，只是改叫「隱形好友」。每年7月30日前大家會把送禮對象的名字寫在紙條，再抽籤準備小禮物，待7月30日揭曉答案！

俄羅斯摯友

俄羅斯人相當重視友誼，俄語裡有很多形容朋友重要性的成語，可見一斑！以下提供幾個例子：

- 朋友百位勝過錢財百元。
- 與友相伴即使在暗處行，也勝過獨自在亮處走。
- 老友一位勝過新朋友兩位。
- 老友與老酒無與倫比！
- 把所有人當朋友，等同沒有任何至交。

問候近況

在阿爾及利亞、科威特、沙烏地阿拉伯、阿拉伯聯合大公國等阿拉伯國家，男性友人之間牽手只是普通舉動。非洲國家如納米比亞、盧安達與辛巴威等國，男性也時常牽手表達友誼，毫不稀奇。

中國送禮禁忌

如果要送中國人禮物，記得先研究一番。尤其某些禮物會引發錯誤聯想，造成誤會喔！

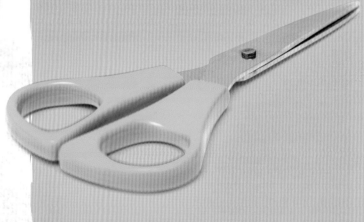

刀具或剪刀（上圖）可能會讓人以為你想「斬斷」友誼。令人驚訝的是還有許多國家也抱持相同看法，例如波士尼亞與赫塞哥維納、莫三比克與烏克蘭等國。保險起見還是別送尖銳物品吧！

送毛毯則代表你認為收禮的朋友快要破產啦！

時鐘暗示你期待對方過世。因為「送鐘」在中國某些方言裡，剛好跟代表死亡的「送終」同音。送手錶倒是可以接受囉！

百年好合

根據現存紀錄，人類史上最早婚禮舉辦在西元前2350年的美索不達米亞平原，之後再過4,000年，到了歐洲中世紀才有第二對佳偶接受祝福！

世紀「大」婚

1995年，印度舉辦了世界上最大規模的婚禮。主辦人是由女演員轉戰政壇的坦米爾納德邦首席部長，J.賈亞拉利塔，不過她不是新娘。**15萬名賓客集結在**原名馬德拉斯的印度清奈，祝賀賈亞拉利塔的養子娶妻！

愛在愛爾蘭

愛爾蘭克萊爾郡的小鎮利敦瓦納，居民人數不超過800人。然而到了每年9月，數千名期盼終結孤單的人湧入小鎮，只為參加一年一度的相親節（左下圖）！**專業媒人威利‧戴號稱已成功撮合3,000對佳偶。**受訪時他表示相親過程很簡單，想找伴的人就來辦公室找他（他的辦公室就是間酒吧）。填寫簡單的表格後，他會立刻想到最完美人選，快到你沒有心理準備喔！

純友誼義務

情人節原本是西方國家的專屬節日，於1936年正式登陸日本。這一年，由俄羅斯移民所創辦的甜點公司摩洛索夫，投資全日本第一個情人節廣告。但是，日本的西洋情人節是由女性送生活圈男性甜點與禮物，反而不是男性負責（下圖）哦。至於該送什麼給哪位男性？這就說來話長：**如果很喜歡對方就送「本命巧克力」（給真正動心的對象）**；如果感覺普通就只送**「義理巧克力」（出於過節義務送出）**。

追求好多招

社交求愛方式隨時間演變，實為好事！畢竟有些古時候的做法實在糟糕。

在19世紀，**澳洲農場**的年輕女性參加舞會時，會在腋下夾著蘋果切片。只要覺得舞伴很不錯，就會送他那片蘋果吃，讓對方「聞聞自己的味道」。

泰雅族是臺灣原住民，依據古老傳統，年輕泰雅族男子得先殺敵砍下頭帶回部落展示，才獲得結婚的允許。

維京文化把男子寫情詩或情歌求愛視為大忌！只因創作詩歌表示他對女方了解過於詳細，此時新娘的父親或兄弟有權**殺掉寫詩的追求者！**

年歲漸增

以優雅魅力風靡影壇的法國演員莫里斯．雪佛萊曾說：「要我回到麻煩的年少時光重活一次，變老頓時沒那麼糟囉！」

打回家請安

法國民法第207條規定必須隨時與年長父母保持聯繫。2004年立法時，主要考量法國經歷嚴重熱浪災害，造成1萬5,000人死亡，其中多半都是年老獨居者（子女都跑去避暑度假啦！）。根據法律條文，沒有打電話問候父母得判處罰金或監禁。

神祕犧牲儀式

據說因紐特族會把年老族人放到浮冰上放逐等死，但這傳言「半真半假」。的確，當遇到嚴重飢荒、物資缺乏時，必須做出該讓誰犧牲的取捨，所以老人可能會被遺棄。然而出此下策也只是為了應對攸關生死的災難，絕非因紐特族真心想延續的文化傳統。**1960年名演員安東尼・昆出演的電影《雪海冰上人》有類似橋段，應該就是傳言起源。**

難解「老」問題

日本超過100歲的人口（人瑞）超過6萬7,000人，是全球擁有最多人瑞的國家。縱使日本老年人口很多，出生率卻相當低，因此日本號稱抱著顆「**人口定時炸彈**」，每年賣出的老人紙尿褲數量勝過嬰兒紙尿褲。

忘憂島？

希臘的**伊卡利亞島**（右圖）號稱「**忘憂不死之島**」，全島有三分之一的居民都活到90歲以上，絕對名符其實。很多人爭相訪問島民請教長壽祕訣，高齡105歲的尤安娜・波伊歐表示，怎麼安排時間比吃什麼食物養生更重要，她建議記者：「投入能激發熱情的事吧！」

古人的老年

很多人誤以為在古羅馬時期（下圖）年滿40歲就稱得上「老人」，畢竟古羅馬時代平均壽命只有35歲，幸運活到老年的人應該跟四葉幸運草一般稀少吧？

但壽命平均值算法的缺陷卻導致上述誤解，因為古羅馬時期嬰兒死亡率和童年時期喪命機率確實比現代更高。**研究顯示古羅馬時期的嬰兒只有一半機率可活到10歲**，早期死亡率因而大幅拉低平均壽命。對古羅馬人而言，只要撐過童年時期存活機率就會變高。實際上，從西元前1世紀起，年滿60～65歲才算是「老年人口」啦！

人生終站

不同國家面對死亡的態度不同，
展現各種處世哲學。

懷「骨」幽情

翻屍節（翻出屍骨）是馬達加斯加（右圖）傳統。**每隔5年或7年，當地人會去墓園挖出過世親人的屍骨，再灑上酒或香水。**翻屍節是重要家族與部落活動，大家會隨音樂起舞（還有屍骨相伴啦！）。

替換容器

西藏山區的岩石地形不可能埋葬屍骨，因此有些西藏人會為過世親友舉行「天葬」（下圖），屍體經前置作業後再放到戶外由禿鷲啄食。

藏傳佛教相信生命是無限輪迴，死亡僅代表魂靈從肉身脫離前往下段旅程。對非信教者而言天葬或許怪異，但藏傳佛教深信這是神聖美麗的步驟，就像從人體「容器」釋放魂靈、放飛天際。說到天葬也許多半會聯想到西藏，但其實不丹和蒙古國也有天葬傳統。

華麗啟程

迦納聞名全球的「特色棺材」
（右圖），會根據逝者不同的
人生經歷精心設計！漁夫的
棺材可能是條大魚，農夫則是
一整根玉米，機械技師則是扳
手。何苦待在單調的棺木去另
一個世界呢？

逝者之城

　　美國紐奧良市區有一半位於海平
面以下，任何東西入土後都可能再「浮
現」，因此**許多墓園必須蓋在墊高的地
基上。**石造墓穴與陵墓就像街道般成排
林立，為紐奧良墓園贏得「逝者之城」
封號。

　　紐奧良與死亡之間另有重要連
結：爵士音樂葬禮（下圖）。習慣上，
送行隊伍會在哀傷樂音相伴下走到入土
埋葬處，葬禮後則改為演奏歡樂音樂返
回。**哀傷到歡愉曲調間的轉換，象徵著
為逝者傷心之餘，生者還得繼續生活！**
此外這項傳統源自紐奧良黑奴時期，儘
管以當年時空背景而言，生離死別固然
令人哀痛，但能擺脫奴隸生活邁向永生
也值得慶祝。

宗教與信仰

現存宗教已達數千多種，對宗教的定義不同，計算方式也為之改變，因此無法精確算出總數，但可區出分12大「世界主要宗教」，以及其他包含原住民信仰在內的次要宗教。

埃及約有
10%～15%人口屬於基
督教哥普特教派。源自西元
42年，聖馬可將基督教福音
傳入埃及的主要城市
亞歷山大港。

比較奇特的宗教包括
幽浮教、擁護《星際
大戰》電影角色的絕地
教、崇拜知名足球員馬
拉度納的**馬拉度納教**。

多元信仰

世界主要宗教吸引眾多追隨者，
跨越族群與國家界線團結信徒。

信仰預測

　　基督教目前是全球信眾最多的宗教，約達22億人，占全球人口三分之一；伊斯蘭教排名第二（右圖），信眾約16億人；第三名則是誰也不信的無神論者與不可知論主張者，約有11億人。

　　只要繼續保持信眾增加的趨勢，伊斯蘭教的規模會逐漸追平基督教，預估到了2050年就能跟基督教平起平坐。且穆斯林的出生率最高，每個家庭平均生育3.1位小孩，基督徒家庭則平均生育2.7位小孩。至於無神論者的人數也持續增長，只是速度較緩，平均每個無神論家庭僅生育1.7位小孩，略高於佛教家庭生育人數。

新興宗教

世界主要宗教前12名中，巴哈伊教（下圖）「資歷最淺」，西元1860年才於伊朗境內創立，屬於伊斯蘭教分支。**巴哈伊教認為所有宗教的主張都合理，人們敬拜同一位神祇，只是版本不同。**教徽是九芒星，象徵不同信仰合而為一。信徒大多主張和平主義，但允許自我防衛。雖然伊朗官方並不承認巴哈伊教，全球巴哈伊教信徒仍多達800萬。

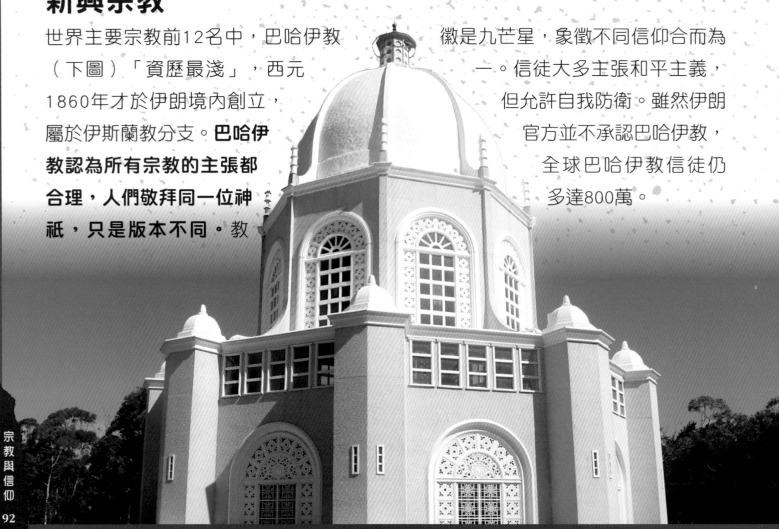

多隻眼緊盯

有別於其他世界主要宗教，印度教並沒有特定創始人或先知，西元前2300年左右開始在印度河流域成形，信奉唯一真神「三相神」。三相神具有不同形象或神性，包括**創造宇宙的梵天神，保護神毘濕奴，象徵破壞與變化的濕婆神。**

崇拜破壞之神聽來有點詭異，但其實印度教認為破壞才會帶來創造，兩者環環相扣。濕婆神知名能力就是額頭有第三隻眼，同時也代表至高無上的智慧，而且還不僅止於此：**印度教神話中濕婆神的第三隻眼可以毀滅敵人，只看一眼就能把對方燒成灰，**所以千萬別跟濕婆神作對呀！

以色列家

衣索比亞與宗教淵源甚深，除了很早信奉基督教，且與猶太人共同生活，這些猶太族群稱為**「貝塔以色列人」**（或稱「以色列家」）。

關於衣索比亞猶太人的背景有很多說法，有人認為他們是傳奇君主孟尼利克的後代，而孟尼利克又是所羅門王與示巴女王的兒子。另一看法主張西元前568年埃及征服猶大國後，衣索比亞猶太人的祖先才移居衣索比亞。也有人認為這些貝塔以色列人原本是基督徒，經過自我認同的改變，才轉而自認是猶太人。

信仰地圖

西元1910年，全球約三分之二的基督徒住在歐洲，過了100年後只剩三分之一。如今，非洲奈及利亞的基督徒總人數已追平德國了！

塔吉克的清真寺常有馬蹄圖畫裝飾，致敬伊斯蘭教長伊瑪目「阿里·賓·阿比·塔利卜」。他同時也是先知穆罕默德的女婿，曾騎馬橫越塔吉克，處罰不信教者，傳奇旅程蔚為佳話。

常有人誤解所有印度教信徒都吃素。的確，吃素的信徒不少，但並非全部。何況印度教徒並不「膜拜」母牛，認為要誠心尊敬神聖的牛，這就是多數印度教徒選擇不吃牛肉的原由。

傳統信仰

除了主流宗教外，內涵豐富的原住民組成與信仰也很值得探究。

孔雀天使

雅茲迪人（右圖）屬於庫德族，主要分布在伊拉克北部、敘利亞北部、土耳其南部與伊朗境內部分地區。當地仍信奉遠古宗教**雅茲迪教**，教義融合了祆教、猶太教、伊斯蘭教與基督教。

雅茲迪教認為**至高無上之神創造世界，然後將世界交給由孔雀天使為首的七大神靈掌管。**由於孔雀天使和魔鬼撒旦一樣是「墮落天使」，常被誤解是魔鬼化身，但其實孔雀天使獲得上帝赦免，已不再是惡魔。遺憾的是這種誤解讓全球70萬雅茲迪人面臨慘痛代價：立場極端的伊斯蘭國（即ISIS組織）為恐攻組織「蓋達」分支，誣指雅茲迪人崇拜魔鬼而發動種族清洗。

徹夜狂舞

坎東伯雷教源自19世紀，如今流行於巴西和南美洲數個地區。這個宗教融合了西非黑奴信仰與當地的原住民信仰，也借用部分天主教思維。**坎東伯雷教崇拜眾神，祂們能決定所有人類的命運**；位階最高的「尊神」則透過信差「艾蘇神」與人類溝通。此外，「坎東伯雷」不僅是宗教的名稱，同時也代表跳舞一整夜（右圖），意味著信眾以舞步來榮耀尊貴的眾神。

夢幻時光

澳洲原住民是全澳最資深居民，約6.5萬年前就從非洲移居到澳洲。如今他們約占澳洲總人口2%。許多澳洲原住民（右圖）仍持續信奉傳統神靈，只是外人難以理解他們的教義，甚至用英文形容都可能詞窮！像最常見的詞彙**「夢幻時光（Dreamtime）」**，意指世界的起源是**萬物之靈與先民共同創造天地。**

維達市與巫毒教

西非國家貝南是民俗信仰巫毒教（左圖）的發源地。位於貝南海岸的城市維達曾是19世紀非洲奴隸交易重鎮，**如今成為巫毒教信仰中心。**每年聚集近萬名巫毒教信徒前來過節，而節慶重點就是「訣別之門」，象徵當年祖先被迫坐上奴隸船橫渡大西洋（**訣別之門**共有四個，除了維達市，塞內加爾外海的格雷島也有一個，且是殘酷的黑奴史上最惡名昭彰的門！另外兩個則在迦納與甘比亞）。

莫忘禁忌

英文「禁忌（taboo）」一詞源自玻里尼西亞信仰。18世紀知名探險家詹姆士‧庫克在東加（下圖）海域航行時聽見這個詞，就順路帶回英語系國家沿用至今。

信仰守護者

宗教存亡仰賴信眾的用心維持，讓信念與傳統代代延續。

宅配送蛋

阿索斯山是希臘境內的自治政體，也是修道院所在地，有「聖山」的美譽。自西元1054年起成為希臘東正教教會的重要據點，有約20座修道院和1,400位修士。然而他們**全面禁止婦孺進入**，短暫到訪也不行！甚至連**雌性動物也不可踏入阿索斯山區**。因此山上沒有母雞，修士就必須將日常食用的蛋運送上山；但若是貓的話，不論雌雄均可入山……這是因為修道院有鼠患啦！

忠實守護

耶路撒冷聖墓教堂（下圖）是耶穌基督被釘上十字架，與復活重生後空墳的歷史現場。**教堂管理員是巴勒斯坦裔穆斯林「阿迪卜·裘達·胡西尼」**，他的家族自12世紀起就任聖墓教堂管理員一職，一代傳過一代，守護基督教聖地的資歷「源遠流長」。

與此同時，在印度加爾各答則有穆斯林守護3座猶太教堂。印度曾是英國殖民地，當時加爾各答大約有3,000名猶太人，然而人口急遽減少，如今只剩數十人。儘管如此，納賽爾·薩伊赫仍忠誠地守護其中1座猶太教堂超過50年，他的兒子歐斯姆也會在他死後接班。納賽爾受訪時表示，對穆斯林而言守護猶太教堂等其他信仰聖地並不奇怪，他如此說道：「《古蘭經》、猶太教《妥拉》與《聖經》均起源類似，何必水火不容？」

60年紀念

多貢節是西非國家馬利多貢族（右圖、左下圖）千載難逢的宗教儀式，每個世代僅限一次，目的是將信念傳承給下一代。每隔60年左右會舉辦一次多貢節，確切時間則是依據天狼星運行位置而定。**慶祝時大家會帶上雕刻面具列隊跳舞，在各村莊間遊行。**而且儀式前參加者還得學習祕密語言，學會可得花上好幾年呢！最近一次多貢節舉辦於1960年代後期，至於下次得等到何時？可能是西元2027年或2032年！

剪貼成「經」

西元1820年，身為美國開國元老與前總統的傑佛遜，拿了本《欽定版聖經》、膠水和剃刀。靠著這些簡陋的工具，**他把不喜歡的部分割掉，將剩下滿意的部分黏合，完成專屬他的新版《聖經》**──《拿撒勒人耶穌的哲學》。這本書保留了耶穌基督的訓誨，但刪除了神蹟、復活與天使顯靈、天堂地獄等非自然的部分。暱稱為「傑佛遜聖經」的原版（左圖）仍保存在美國史密斯森研究協會（想看的話，也有線上版可供閱讀）。不過傑佛遜本人從來沒有說過他的作品是《聖經》，比較像個人剪貼簿啦！

新興宗教

所有古老宗教都經歷過年輕草創期，以下這些近代
信仰能否撐過時間考驗呢？

異教魅力

結合其他信仰教義與儀式的信仰就稱為「**混合**」宗教。日本「幸福科學」大概是混

合後最奇特的新興宗教：1986年由企業家
大川隆法創立，融合基督教、佛教以及電影
《星際大戰》的世界觀，夠出人意料吧？大
川隆法聲稱他是偉大宗教領袖的化身，**就像
佛陀、耶穌基督，當然還有電影角色尤達大
師**（左圖）但根據某位曾參加幸福科學講座
的作家指出，大川隆法猛力抨擊華人與韓國
人，似乎不符合尤達大師形象耶？

為「貨」祈禱

　　1940年代時，由於二次大戰戰場擴大
到南太平洋，當地島民（右圖）被捲入戰火
爭端中，以至於首度接觸現代世界的**島民們
都以為世界末日來臨了。**

　　當時日本與美國都為萬那杜、斐濟與
新幾內亞等小島附近駐紮的軍人運送為數
眾多的物資，這可把島民都嚇壞了：現代衣
物、加工食品與武器，全都是前所未見的
新奇事物，但在二戰落幕後又不見蹤影。於
是，這些小島上開始出現所謂「船貨崇拜」
的現象！島民認為會有救世主出現，把歐洲
奢華事物重新帶回他們的生活。有些「船貨
崇拜」的信徒甚至用竹子建造飛機、降落地
點和碼頭，祈求貨物會再次現身。

「足」生信心

　　南美國家阿根廷的馬拉度納教會，為一間極為特殊的宗教集會所，專門崇拜足球明星馬拉度納！他被教會信眾尊為史上最偉大球員。

　　1986年世界盃總決賽中，阿根廷出戰英國代表隊，馬拉度納在這場經典賽事中進了關鍵一球。支持者與唱反調的人觀點大不同：有人認為他當時用手將球打擊入網。他本人則宣稱那不是他的手，而是「上帝之手」將球帶進網中！最終阿根廷捧回金盃。無論事實如何，如今已有成千上萬名馬拉度納教支持者遍布阿根廷與世界各地。他們還自創出「十誡」，例如戒律之一「愛足球勝過一切」。

信者恆信

加一點瑜珈，再來一茶匙印度教，抓一小撮佛教，最後加上半杯外星人，這是什麼特調？答案是：亞瑟流社會。1954年由英國人喬治‧金創立，追隨者深信只要追隨「外太空諸神」所開創的啟蒙之路，就能解決多數人類社會面臨的嚴重問題。信眾們稱外星人為「宇神」，會帶領人類邁向進步，但卻遭受黑暗政府勢力「默教團」的阻礙。創始人喬治‧金於1997年過世（也許算「前往下個階段」？）但亞瑟流社會仍持續發展，擴及英格蘭、迦納、日本、紐西蘭、奈及利亞、美國加州洛杉磯等等。

神聖之日

每個宗教都有特殊節日，日常活動有所變化，讓信眾藉此反思信仰奧義。

照亮黑夜

對印度教而言，最重要的節日就是每年秋季的排燈節（右圖）。信眾們歡慶光明戰勝黑暗，象徵邪不勝正。佛教徒、耆那教與錫克教也慶祝排燈節，通常會持續5天。節慶期間很常吃到水果乾之類的甜食，例如牛奶糖、印度甜甜圈與果餡炸餃子。煙火也是重頭戲，但近年來印度大城市糟糕的空氣品質，因節日煙火更加惡化，使得抱怨聲浪四起。

睡著時祂知道

奧地利與德國境內部分地區的人民認為**耶誕老人也有黑暗面，就叫「坎卜斯」**（下圖）。祂的形象是高大長角的怪物，甚至還有馬蹄。每年12月5日（坎卜斯之夜），祂都會帶著大棍子前來打不乖的小孩。如此這般的「暗黑耶誕」還有另類的慶祝方式：坎卜斯狂奔！一群打扮成怪物坎卜斯的年輕人，會沿著街道用棍子打行人的腿喔！

甜蜜開齋

全球穆斯林在結束為期一個月的齋戒月後都蓄勢待發，準備在**「開齋節」的三天假期中**好好享受生活樂趣。除了與親朋好友、左右鄰居共享豐盛大餐，也因為製作許多應景甜點，而被暱稱為「甜食開齋」。不僅小朋友會收到禮物，連商店也會準備禮物送給顧客。開齋節期間最正統的問候方式就是說「穆巴拉克（Eid Mubarak）」（阿拉伯語「有福的節日」）。

歡樂不限時

天主教傳入的地區就會有嘉年華傳統，而嘉年華的英文源自拉丁文「去除肉類」之意。過去，嘉年華慶典都在天主教守齋日之前舉行，守齋日期間大家會避免吃肉（現代社會則可自由決定要放棄哪項生活習慣，並不僅限於肉類）。由於守齋象徵自我節制，嘉年華相對而言就象徵「奢侈」：大吃大喝、音樂舞蹈或其他任何享受。**義大利威尼斯是全歐最知名的嘉年華重鎮，戴上精緻面具慶祝的傳統備受全世界喜愛**；至於巴西則會在守齋日之前瘋狂慶祝整整一星期，舉國沉浸在嘉年華大遊行、街區派對與激烈的森巴舞競賽（右圖）。其他舉辦大型嘉年華會的城市則包括西班牙聖克魯斯、玻利維亞奧魯羅、千里達及托巴哥共和國的西班牙港，當然還有美國路易斯安那州紐奧良市囉！

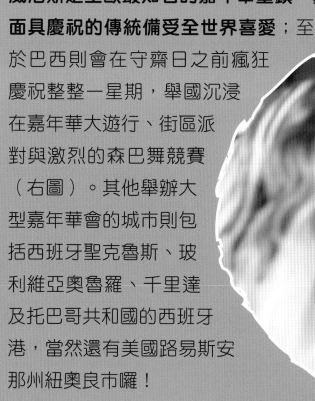

信仰自由

信仰宗教屬於個人自由，這是人們共同認可的權利，但並非各地都是如此。

邪惡呼吸？

中國法輪功確切來說，比較像專注於冥想與控制呼吸吐納的「靈修方法」，而非宗教，但仍飽受20年的壓迫。創始人李洪志（或尊稱為李大師），於1990年代初創辦法輪功團體，而法輪功成員（左圖）深信只要研究並追隨李大師的著作就能得到啟發。但中國共產黨將這種衷心崇拜視為嚴重威脅，因此中國境內不僅禁止法輪功，數千追隨者也被送入「再教育營」，名列中國官方前24大「邪教」名單之首。

深究問題

美國皮尤研究中心每隔幾年針對全球**宗教信仰自由度進行調查**。調查時會考量政府強制限令、惡意騷擾（或稱「社會敵意」）等因素，判斷各國對於宗教的態度寬容與否，並列出個別宗教在哪些地區的處境較艱難。以下就是部分報告內容：

- 猶太教徒（右圖）在白俄羅斯、巴西、秘魯、塞爾維亞與瑞士等國最受敵視。
- 穆斯林在澳洲、緬甸、丹麥、義大利、荷蘭與葡萄牙等國最受敵視。
- 穆斯林與猶太教徒在波蘭、斯洛伐克、英國與美國等國皆最受敵視。

多線交織的往昔

　　印度全國約有80%人口信仰印度教徒，13%為穆斯林，2%為基督徒，剩下的少部分則包含佛教徒、耆那教徒、祆教徒與猶太教徒。至於宗教包容度方面，印度則有複雜的過去！印度憲法本身保障信仰自由，多元宗教帶來的節慶傳統也很受歡迎，但印度教信徒與穆斯林之間曾發生令人震驚的暴力衝突。

　　事實上印度之所以有此類衝突，是因為1947年原印度境內穆斯林組成人數較多的一區獨立成為巴基斯坦。分離卻無法有效阻止宗教紛爭，例如1992年極端的印度教徒拆毀了阿約提亞古城內的巴布爾清真寺，引發與穆斯林激烈衝突，造成約莫2,000人死亡。近期在2002年，印度古加拉特邦發生的反穆斯林暴動則造成超過1,000人死亡與2,500人受傷。

友善趣聞

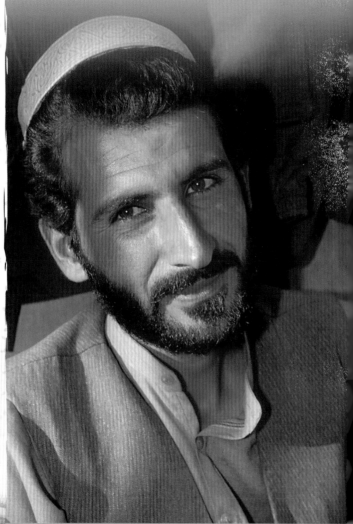

許多巴基斯坦米提市的**穆斯林教徒**，透過再也不吃牛肉的決定，表達對鄰近印度教徒的尊重。

加拿大新斯科細亞省的**聖三一聯合教會**，把會堂部分空間出租給一小群穆斯林，好讓他們能安心做禮拜，也因「教會裡有清真寺」而出名。

喀麥隆境內恐怖組織「博科聖地」發動恐攻，從此**基督徒與穆斯林**開始團結合作。

迷信心態

無論是「敲木質物品」祈求好運、經過墓園吹口哨或避開數字13，大多數人都無法忽視偶有的古怪執著！

自製保護令

雖然目前已較少見，但有些埃及人仍別上寫有文句的配飾來抵擋厄運。文字內容可能是《古蘭經》（右圖）的經句，或某位先知的姓名。**埃及的孩童有時還會在帽子上別一小段文字消災解厄！**

鱷魚魅力

甘比亞首都班竹市附近有座巴考卡志卡里神廟，也叫「卡志卡里鱷魚池」，**約有80～100隻尼羅河鱷魚（下圖）以此為家**。傳說池水可治療女性不孕症。期待懷孕的當地女性會到此朝聖，外國遊客也慕名而來想**跟友善的鱷魚拍張照**。鱷魚保育員會接受遊客送的小禮物，但他們不收費參觀，原因是據說靠鱷魚池獲利會讓池水神力消退。

誰盯著我看？

世界上很多地方都有相同傳說：**恐怖的邪惡之眼**。民俗學家約翰・羅勃茲指出，全球有36%地區的人都相信邪惡之眼存在。

《聖經》、《古蘭經》、印度教傳說，以及英國名作家莎士比亞的大作都曾提及邪惡之眼僅需「一瞥」就能下咒。拉丁美洲的人民以「馬爾迪歐賀」稱呼這隻眼睛；希臘人則稱之為「瑪諦」。廣受歡迎的瑪諦項鍊墜飾能用來抵禦咒語控制，墜飾上繪製著深藍包淺藍、內為白黑雙色圓的圖案。土庫曼人相信如果給予過多讚美，可能會被邪惡之眼盯上。

非洲國家查德則認為如果直盯著別人或事物看，就會召喚厄運。例如一群人盯著樹看，樹就會枯萎。雖然傳說歸傳說，對真實生活還是有影響。在查德，如果與不熟識的人進行眼神接觸，對方會覺得你在威脅他。

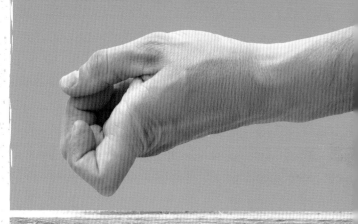

民俗觀點

中世紀歐洲人去教會做禮拜時有摸木頭的習慣。他們相信木頭是來自耶穌被釘的十字架。由此衍生「敲木質物品」祈求好運的習慣。

匈牙利人與俄羅斯人認為坐在桌角運氣會變差。

挪威人忌諱對著太陽吹口哨，否則會開始下雨。

盧安達男性相信女性吃羊肉就會變得像羊：不僅會長鬍子且個性固執。盧安達女性則認為這是男性基於羊肉好吃，吝於分享而找的藉口。

敘利亞人認為某場嚴重旱災的罪魁禍首就是溜溜球。因此自西元1933年起，敘利亞全面禁止溜溜球。

美食世界

烹飪與飲食不僅攸關人類存活，也反映認同感、族群甚至宗教信仰。至於我們選擇吃什麼與飲食方式，都深受文化價值觀與個人喜好影響。**大受歡迎的某道美味佳餚在不同文化背景的人眼中，可能成了令人反胃的恐怖食物！**

委內瑞拉的皮亞羅亞族會直接用**火烤狼蛛**來吃，柬埔寨人則喜歡炸狼蛛！

墨西哥與加州南部地區常見的塔可捲餅口味包括：**動物腸子、舌頭、胃、腦**或**眼睛、頰肉**與腦的混合餡料。

民以食為天

美國漢堡、英國茶或加拿大肉汁乾酪薯條……每個文化都有象徵國家認同感的「國民美食」！

獨立「面面」觀

提到泰國最容易聯想到的食物就是泰式河粉（下圖），通常**會拌炒花生佐炸豆腐**，再搭配蝦子或雞肉上桌。雖然泰國建國歷史悠久，但泰式河粉的「資歷」尚淺。

據說泰國首位總理貝·鑾披汶·頌堪（通稱「鑾披汶」）在自家廚房研發出泰國河粉。西元1938年泰國皇室剛遭拔權不久，鑾披汶總理希望振奮人民精神、群策群力成為自由國度。鑾披汶的團結活動包括指派餐車到全國各地宣傳美食，讓人民認識全新的「愛國食物」：泰式米麵條，也就是俗稱的河粉囉！

低溫「裝熟」

檸汁醃魚（右下圖；西語 Ceviche）不僅美味還蘊含科學原理：**把生海鮮浸泡在檸檬汁中，間接煮熟！**柑橘類水果可引發化學反應，因此不必加熱即可讓海鮮變熟。當然，實際上無法將海鮮煮到熟透，科學名詞稱此化學反應叫「變質作用」。**檸汁醃魚是公認的秘魯國民美食**，據說早在2,000年前，該國西北海岸的莫切人就發明了這道美食。莫切人利用「香蕉百香果」（西語，Tumbo）當作料底，「以醃代煮」享用美味魚肉。根據專家建議，各擠一點黃檸檬汁與葡萄柚汁，能代替香蕉百香果汁，料理出相同的完美好滋味。

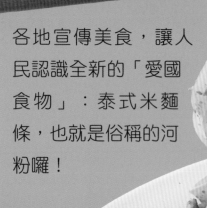

省「盤」之道

衣索比亞美食的「省盤」巧思聞名全球。老實說不是完全不使用任何盤子，像餐桌正中央確實有個大盤子，裡面**裝著扁扁的大酵母麵包**（左圖；當地稱因傑拉Injera）。

苔麩製成的因傑拉麵包，口感如海綿般鬆軟，嘗起來像鬆餅，卻沒有一絲甜味。上菜時會將稱為「沃特（Dorowat）」的燉雞肉和叫「雪柏氣貝（Sheirbekibbe）」的燉豆直接鋪在麵包上，讓大家撕下麵包，夾著配料享用。

牧人燉肉

匈牙利有道國民美食「牧人燉肉」（右圖；匈牙利語Goulash）。**菜如其名，得感謝中歐地區牧人開發這道料理！**這些騎馬牧牛的牧者稱為「辜雅（Gulyás）」，跟美國中西部牛仔有志一同，時常在營火上搭個大鍋子烹調美食。「辜雅赫斯（Gulyás hús）」（牧人料理）風潮興起後，逐漸演變成今天的牧人燉肉。

牧人燉肉和19世紀匈牙利人的認同感密不可分。當時哈布斯堡王朝（德國皇室）主宰匈牙利政權，匈牙利人意圖更緊密地維護本土的馬扎爾文化，以免匈牙利傳統在德國統治下逐漸式微。因此吃牧人燉肉隱含著更重大的意義：加深與馬扎爾文化的連結。

美食大熔爐

融合式料理結合了兩種或更多不同菜餚的優點，端出更新穎菜色。

饕客所見略同

關島是美國領土，屬於西太平洋密克羅尼西亞群島島鏈。查莫洛人是關島人數最多的原住民族群。回顧關島歷史，不僅曾多次受西班牙與葡萄牙的殖民勢力影響，菲律賓人、韓國人與日本人也曾以此為家。當地的美食特色即反映了複雜的過往。

有一道受歡迎的「白蘿蔔泡菜」就混合了韓式與日式風格。韓國傳統的泡菜是用白菜製作（右圖），到了**關島則改用白蘿蔔與小黃瓜醃漬**，這是一道十分美味的開胃小點。關島知名肉類料理「肉醬米湯（Chalakilis）」不僅發音與

墨西哥名菜「鹹味玉米片（Chilaquiles）」雷同，本質也相差不遠，只是墨西哥人使用玉米片、關島人則用米飯。

奇異奇遇

紐西蘭美食不僅反映原住民毛利人的傳統，也因曾受英國殖民而融合英倫風。例如許多在英國以馬鈴薯製作的菜餚，到了紐西蘭則改採番薯烹調。而英國殖民時曾把稱為「托合拉（Toheroa）」的紐西蘭大蛤蠣拿來煮湯，成為紐式風格的巧達濃湯。殖民統治也帶來雙向影響：英國人在紐西蘭種麥，毛利人則發明叫「洛威那（Rewena）」的酵母麵包。另外，**紐西蘭的「國民水果」奇異果（右圖）則是從中國引進！**

從封閉到開放

日本曾有好幾百年的時間奉行鎖國主義。當時只有極少數外國人能踏上日本國土，也僅限一小部分日本人能獲准出國。西元1860年代中期，鎖國主義宣告終結，明治天皇隨即公開表態鼓勵日本國民與世界交流。新型態美食風潮順勢興起：洋食風（也就是西式料理）。

最具代表性洋食菜餚包括日式牛肉燴飯，以紅酒燉牛肉佐洋蔥，說穿了就是日本版西式燉牛肉。日式拿坡里義大利麵則是搭配番茄醬的日式炒麵，日式咖哩也是類似例子。也許大家會想：咖哩來自印度，怎麼會來自西方國家？其實咖哩是先傳入英國而後才傳到日本，所以對洋食文化而言也算西式啦！

洋食風料理風行多年也歷經轉變，日本人已不再將它視為新奇的西方事物。如今只是日式料理的另類風格展現。

偉哉！加拿大

加拿大前總理喬·克拉克曾說過：「加拿大集各美食精華於一身。別說成是大雜燴，而是歐式自助！」加拿大主要城市都完美地呈現這項優點，西岸的知名大城溫哥華（下圖）也不例外。溫哥華擁有眾多多樣化的餐廳，許多餐飲風格也體現出與亞洲的深厚淵源。**事實上，**

西元1870年全球首座中式自助吧在溫哥華煤氣鎮問世。如今溫哥華吸引許多品味獨具的融合式料理餐廳進駐，融合韓式與墨西哥風、日式與墨西哥風、亞洲與英式酒吧風，甚至還有日式結合義大利風味！

膽敢入口？

當季蔬菜有哪些？易取得的蛋白質來源有哪些？每個廚師都會思考這類關鍵問題，但有時採用的食材相當出人意表！

「內」行美食

我們所食用的動物（牛、羊、豬等）內臟部位稱為「雜屑/下水」。**根據名廚暨作家安東尼‧波登的看法，這些食材就是「髒兮兮的碎屑」，而不同文化對碎屑的料理方式各有所長！**

- **腎臟**（右上圖）就是常見的內臟食材。英國人吃牛排與牛腎做成的派，法國料理燉腰子（法語：Rognons）則有多種不同烹調方式，西班牙人也吃動物腎臟（西語：Riñones）。瑞典人則吃豬肉混腎臟的燉煮料理（瑞典語：Hökarpanna）。

- **動物的胃壁，俗稱為「肚」。** 例如：塞爾維亞名菜「燉肚菜」、墨西哥版「燉肚」等等。受波斯文化影響的國家如伊朗和約旦，則愛喝「肚湯」。義大利佛羅倫斯則鍾愛「肚包」。

- 人類烹煮、食用**動物舌頭**的習慣超過200萬年。過去，遠古祖先吃非洲大草原上牛羚的舌頭，現在我們則最常吃牛舌（下圖）或豬舌。美國德州則有些農場主打美味的水牛舌頭，至於日本則無視國際批評聲浪，仍有特殊餐廳會提供燉鯨舌。

八爪上菜

什麼是人人避之唯恐不及的恐怖生物，但同時又是美味食材？

答案是：蜘蛛

委內瑞拉皮亞羅亞族喜愛吃火烤狼蛛，柬埔寨人則愛吃炸狼蛛。中國則有不少路邊攤會賣燒烤蜘蛛，而泰國則有酒商會向成人販售蜘蛛伏特加。

蠍子則比蜘蛛更常被拿來製作「加味」特調酒，也有拿蠍子做甜點的新奇選項。亞洲廚師會水煮、炙烤或炸蠍子，因為蠍子富含蛋白質。通常會先去除毒針與分泌毒液的部位再烹調，但有時會省略這道步驟、直接靠加熱讓毒液失效，吃的人也許不會因此過敏（但確實有發生過）。

飄香似雞

蜥蜴是某些原住民族不可或缺的主食，在其他文化中則被視為「異國風」的料理。例如菲律賓呂宋島的伊朗革族與阿埃塔族都會吃森林巨蜥，這些生活在樹林的爬蟲類可長到足足2公尺長。中美洲的宏都拉斯則偏愛用綠鬣蜥（下圖）煮湯，菜名叫鬣蜥肉湯。有些宏都拉斯人宣稱，喝鬣蜥肉湯有助於治療癌症，甚至起死回生（Evantamuertos）。此外，由於**綠鬣蜥料理在貝里斯大受歡迎，還有「竹子雞」**的暱稱呢！

猴味上桌

賴索托共和國的牛排會加「猴腺」調味醬，丹麥小孩則愛吃暱稱為「猴腦（Abehjerne）」的焗烤通心粉。不過這兩道菜都沒用到猴子肉啦！

但如果是在非洲國家查德或貝寧，所謂的「燉野味」就很有可能加了猴子肉。當然「野味」泛指任何遭打獵捕食的野生動物。在非洲鄉村地區，打獵找食材已是重要的固有傳統，相信這個習慣會持續下去。

烹調好講究

無論是直接用火烤、微波爐加熱、運用炒鍋或壓力鍋等等，把食材變成美味佳餚的妙方難以數計！

竹子烹調法

竹子在亞洲與環太平洋國家全區是很常見的植物，且妙用多多。竹子不僅能當建材還能製成家具或衣料，甚至可以代替廚具！越南、泰國與其他東南亞國家會**把食材塞到中空的竹芯，然後直接上火烤（右圖）**。煮透以後再把竹子剖開，切半的竹芯可充當盤子。竹筍的部分則可直接食用，通常拿來快炒或煮湯。

土生土烤

最原始的烹調技巧包括以火當熱源、直接把土地當火爐，而且至今仍有許多文化延續老祖先智慧。夏威夷原住民稱這種類似焢窯的烹調法為「卡魯瓦（Kālua）」（下圖）。當他們舉辦夏威夷式宴會時，主人會準備卡魯瓦烤豬或烤火雞，把肉放在地下烤爐讓肉類慢慢悶熟。紐西蘭毛利人也會利用毛利土窯來做菜，把加熱後的石頭、肉類、蔬菜一起埋進土坑。毛利土窯與夏威夷烤爐出場時機相同，都是為了特殊場合宴客而生。

可愛小助手

在西元16世紀的英格蘭，肉類會放在叫「轉叉烤盤」的器皿中，在爐火上邊轉邊烤，有些不走運的僕人（通常是最年輕的男性）就得負責在高溫爐火旁烤肉，用手握住滾燙的烤叉把手，賣力地轉動烤叉。這種烹飪形式到了16世紀末期發生轉變：轉叉犬成為得力的烹調助手。

轉叉犬體型嬌小、腿又短，奮力奔跑在廚房牆上的轉輪中。這種類似倉鼠跑滾輪的裝置與烤肉火坑相連。**旋轉犬（暱稱頭暈狗）就是專為負責烤肉而飼**

育的犬隻，被賣到全英國的廚房且最終也傳到美國。命運悲慘的轉叉犬長得很像柯基（下圖），諷刺的是現任英國女王最心愛寵物就是柯基！

自西元19世紀末期開始，機器取代了轉叉犬。想想牠們每星期得在轉輪中跑6天，只休星期日，日子多麼痛苦，能由機器代勞真是太好了！事實上，美國愛護動物協會（ASPCA）早期宗旨就包括拯救轉叉犬，幫助牠們早日揮別被奴役的命運。

開懷解渴

人類不進食還能存活三、四個星期，但要是什麼都不喝，頂多撐個三五天就不行啦！

大口暢飲咖啡與茶

根據國際咖啡協會（ICA）統計，美國是全球對咖啡「最上癮」的國家。第二名甚至被遠遠拋在後頭！**美國人每年喝掉2.3萬袋咖啡豆**（每包60公斤）。第二名是德國，消耗量僅美國一半。日本、法國與義大利也擠進前五名。

目前土耳其是最愛喝茶的國家。聯合國糧食暨農業組織調查顯示，土耳其人每年平均消耗12公斤茶葉。和咖啡愛好國的排名狀況類似，愛喝茶的國家當中排第二的俄羅斯落後甚多，每年每人「只」喝掉4公斤多茶葉。

臭得有特色

年滿法定的飲酒年齡後，飲品的選擇變得琳瑯滿目。除了來杯啤酒，想不想嘗試吉爾吉斯的發酵馬奶酒？此外，蒙古也有叫艾拉格（Airag）的馬奶酒。聽起來還是不太誘人對吧？

酒單上說不定還會出現中國蛇酒。**蛇酒**就是把蛇放入酒中，靠酒精讓毒液失效，有些人深信這樣能去毒並保留毒液本身的藥效。越南也有蛇酒，而日本則有類似的「哈布修（Habushu）」蛇酒。墨西哥則有概念相似的蠍子龍舌蘭。

勇於冒險的酒客不妨點個**因紐特族海鷗酒！** 海鷗酒相較蛇酒或蠍子龍舌蘭的製作原理不同，你以為會將「主角動物」直接浸到酒裡對吧？大錯特錯！死掉的海鷗會先泡在一瓶水裡，再被放到太陽下發酵。要來點液化又腐爛的海鷗嗎？乾杯吧！

鳥巢真菌水？

　　蘇打水（或稱汽水）最早出現在西元1767年，當時，約瑟夫·普里斯萊首創把二氧化碳放進水中的方法。如今汽水風靡全球，但每個地區的差異卻很明顯，以下僅提供幾個例子：

- 古貝水果酒是巴哈馬廣受歡迎的汽水，喝起來像鳳梨與萊姆綜合果汁。

- 特讚可樂幾乎等於印度版可口可樂。

- 日本的軟性飲品公司的彈珠汽水（汽水罐裡有玻璃彈珠）早已進軍西方國家零售店。不過要是想喝辣椒油、咖哩和綠芥末等豐富口味，得去日本當地才能喝到。

- 啪科拉水果奶昔是巴基斯坦的汽水品牌，有荔枝與覆盆子口味可選喔！

- 突尼西亞最受歡迎的汽水品牌叫波加（Boga），有蘋果、檸檬或萊姆與薄荷等口味。

- **越南燕窩汽水內含來自鳥巢的道地真菌！**據說能保健強身，不過飲料內有燕窩片「加料」，得鼓足勇氣喝掉才能吸收養分啦！

有禮行天下

吃飯禮儀？很像長輩嘮叨對吧？不過有時「尚可接受」
與「絕對不行」難以分辨，這反映了不同文化的本質。

請坐、請坐

把椅子拉向餐桌彷彿是用餐的
標準動作？然而，在世界上許多地
方，這個再自然不過的舉動卻不是
用餐必備喔！**有些亞洲與中東地區
的人要用餐時，會直接坐在地板上
的座墊。**例如：阿富汗人會圍著達
斯卡汗（Dastarkhan）吃飯。達斯
卡汗字面上的意思就是大餐桌布，

也代表人們圍繞著各式各樣的菜餚、分享食物的意義。坐姿也很講究，要是露出整個
腳底就會很失禮。

傳統上，日本人會跪坐在餐桌旁，採用正座坐姿。如果是輕鬆的場合，日本男性
會盤腿坐，女性則會曲腿側坐。

作客有學問

西方國家認為「清盤吃光光」才是好客
人。空盤代表客人很享受餐點，相反
地，要是盤中有剩菜就表示不是很滿
意。**但在亞洲與南美洲國家等特定
地區記得得剩一點食物，才合乎禮
節。因為剩飯剩菜表示主人分量準
備充足，甚至還稍微多了點。**要是
剛好吃光反倒顯得主人不夠貼心，
沒把客人餵飽呢！

雙手多妙用

有些地區的人習慣用手代替餐具。不過千萬小心，關鍵在於用哪隻手！在斐濟、阿富汗、斯里蘭卡與非洲許多國家都不該用左手吃飯，因為**左手在「上洗手間才派上用場」**，因此不管左手洗得多乾淨，都別用左手拿食物！

盤子好聖潔

在尼泊爾，當大家一起吃飯時，請勿拿自己的餐具碰觸其他人自用的餐盤。這個習慣和保持聖潔有關，在印度教盛行的國家相當普遍。相關守則還包括只要有人開始動了某盤食物，其他人就不能從這個盤子直接夾菜來吃。不過分享食物倒是可行。例如印度很鼓勵大家分享共食，只是必須借助分食盤。尤其**不能直接從自己的盤子分食物給別人吃**，也絕不可以伸手去別人盤裡搜刮食物！

安靜才能吃

全球多數文化都把用餐視為重要社交活動，不僅享受美食還能與親朋好友交流。但在北韓（右圖）卻是另一番風景。北韓人用餐時沉默安靜，只因他們深信應專注進食，不該分心閒聊。

事實上北韓人用餐不講話有個重要的例外：開動前都得致敬北韓的最高首領金氏家族！**北韓家家懸掛著金大統領的肖像，吃飯前每個人都得先對他表達感恩。**

食在歡樂

無論到哪裡參加派對，只要少了美食，就不能玩得盡興啦！有時派對重點就是吃！

猴見猴聞

泰國華富里府（下圖）素有「猴城」美譽，為數眾多的長尾獼猴以市郊叢林為家。華富里府定期舉辦一年一度的「猴宴」，不過別擔心：是給猴子吃的大餐，不是拿猴肉當食材啦！

每年11月最後一個星期日，華富里府的街道都會擺滿餐桌，桌上的水果、糯米、甜點與花朵等總計超過4,000公斤。獼猴完全不怕人類，很樂意進城飽餐一頓。由於任何牠們眼中看來像食物的東西都難逃「猴」爪，因此請小心保管手機或鑰匙喔！

山芋大餐

山芋（左圖）是非洲奈及利亞與迦納兩國的重要食材，因此**山芋的盛產季節十分值得慶祝**。當夏季接近尾聲就是山芋成熟的時機，伊博族會舉辦派對、遊行或跳舞慶祝伊里吉（Iri-Ji，享用初生山芋）。依據傳統，由每個村莊最年長的人享用當季第一份山芋。不過吃山芋要把握時機，據說在慶祝伊里吉節之前吃山芋運氣會變差喔！

精心調製

對於基督教國家而言，耶誕節自然是一年的重頭戲。對信奉基督教以外的國家而言，12月25日只是普通的一天，唯獨日本除外：每年**耶誕節就是肯德基（全名「肯塔基州炸雞」）大顯身手之日！**1970年代起，在日本的美國遊客希望過耶誕節時，能享用類似感恩節的火雞晚餐，於是就在肯德基吃點家鄉味過節。這個習慣延續至今，日本人對吃肯德基過耶誕的熱情更盛。他們會提早好幾天預訂炸雞，以免吃不到「香脆耶誕味」！

食物大戰

　　西班牙的古怪節日**番茄節（右圖）**每年在小鎮布尼奧爾盛大登場。雖然鎮民總數不超過萬人，到了8月當地就會擠滿遊客，興奮投入**超大型戶外砸番茄大戰！**由來是1945年西班牙某場遊行途中，爆發完全失控的丟蔬菜混戰。儘管當時的遊行主軸和番茄毫不相關，丟擲蔬果的習俗卻由此展開，但只保留番茄這個「單一武器」。番茄節規定只能用手丟番茄，不可借助器具，以免被砸的人因此受傷。中國、哥倫比亞、哥斯大黎加、印度與美國等國的特定城市，也有類似丟番茄的節慶。

　　其他國家也有不丟番茄的食物大戰節日，例如義大利伊夫雷亞市「**柳橙大戰**」，當地居民用丟柳橙來重現西元1194年的叛亂活動。

節日慶典

日本東京每年都會舉辦**嬰兒哭泣相撲**慶典。由兩位相撲力士各抱著一名嬰兒走入圓形擂台，然後力士會想辦法讓懷裡的嬰兒哭泣：誰哭的大聲誰就贏！

人類社群形成以來，各式各樣慶祝活動就如影隨形。例如慶生、**獨立紀念日**，或像是每年**日本人**對彼此丟黃豆等等的特殊節日，**了解一下各種狂歡玩法吧！**

全球最大的巨型煙火重達1,087公斤，2018年在阿拉伯聯合大公國天空綻放，為跨年晚會掀起高潮。

最古老的節日之一是猶太人的逾越節（希伯來語，Pesach）。**逾越節是慶祝以色列人從埃及的奴隸制中解放出來**，至今已有近3,000年的歷史。

生日快樂

無論到哪參加派對，只要少了美食，就不能玩得盡興啦！有時派對重點就是吃！

舉國過生日

認識的人跟自己同天生日很有趣對吧？要是全國人民都在同一天生日呢？

越南人並不慶生，也不太在意每年生日。因為每位越南人在慶祝農曆新年時也會老一歲，因此對他們而言過年等同過生日。**越南農曆新年融合了「耶誕節、新年與生日」**，自然是鼓樂喧天，熱鬧非凡。依據各區域族群的習慣差異，越南人過農曆新年可能持續3到5天，活動內容包括家人團圓、舞龍（上圖）、煙火與吃大餐等。小朋友可以拿紅包，但壓歲錢多寡得看過去一年表現，別太調皮囉！

別想吃牛

非洲國家貝南（下圖）特別看重某幾年的生日。 慶祝5歲、10歲、15歲生日時都會徹夜狂歡、大肆慶祝。宴會上都會準備大餐，通常主餐是整隻牛或羊，還會準備鮮花或現金當禮物。但貝南人不會如此鋪張歡慶其他歲數的生日，所以滿12歲當天就別期待有人為你殺牛宰羊啦！

С ДНЁМ РОЖДЕНИЯ!
〔俄語，生日快樂〕

俄羅斯人對生日看法獨到。生日當天要是剛好在學校上課，壽星就該帶甜食請全班同學吃。**有時俄羅斯人用專為壽星打造的派來慶生，派上面會裝飾有意義的句子。**還有個更嚴格的俄羅斯傳統，那就是絕對不能「提早」慶生。如果膽敢提前慶祝，命運之神可能在生日前就讓你離開人世，此後就再也不用慶生啦！

　　過去，俄羅斯人故意不慶祝40歲生日。因為數字40和死亡有關，要是高調慶祝會招致厄運。如今俄羅斯人就不太避諱，照常慶生。

萬用禮物

迦納人慶生時會用「奧圖山芋」當早餐。把迦納特產的山芋（屬於薯類食物）磨成泥後用棕櫚油煎，最後再加個水煮蛋就大功告成。奧圖山芋跟常見的山芋非常不同，長度如同小孩手臂，外皮厚實猶如樹皮。迦納人會把山芋當禮物，在結婚當天送給新娘或新手媽咪。山芋也會被當作慰問品送給喪家。

愈老愈快樂

　　蒙古和世界上許多文化一樣，都非常看重嬰兒周歲生日。不過第一個生日過後，蒙古人（右圖）看待生日的態度就非比尋常。西方國家小孩對慶生很熱衷，但年紀愈大就愈平淡。不過蒙古完全相反：**年紀愈大，慶生就愈隆重！**

　　以前蒙古人習慣統一慶祝所有小孩的生日，通常會選最接近的農曆月的第一天。現代蒙古人則愈來愈常在生日當天個別慶祝，但慶祝規模不大。隨年紀增長，慶生派對就會愈高調。蒙古人慶祝61大壽格外隆重；73大壽也是熱鬧非凡；要是活到85歲，就別猶豫**瘋狂慶生**吧！

歡度國慶

多數國家都會慶祝獨立紀念日，或所謂的國慶日，畢竟這是國家最初的起點！

先獨立後解放

每年3月1日，南韓會慶祝三一節（上圖）。與美國獨立紀念日的由來有異曲同工之妙：1919年3月1日，韓國的獨立運動發起人齊聚某家餐廳，共同宣讀對當時統治國日本的獨立宣言。宣讀後他們把簽署的文件交給日本當局，隨即遭到逮捕。這場逮捕引爆激烈抗爭，造成數千名韓國人死亡。**如今韓國人會扮成公牛，以演出鬥牛行動劇的方式紀念先烈，並公開朗誦獨立宣言。**

自由高飛

每年8月15日是印度獨立紀念日，紀念印度正式脫離大英帝國殖民統治。1947年8月15日由印度首任總理賈瓦哈拉爾·尼赫魯首次展示印度國旗。為了緬懷當年國旗亮相的光景，每年獨立紀念日當天，印度天空就會飛滿橘、白、綠三種顏色的風箏（印度國旗的用色）。放風箏的習俗（右圖）在印度相當普及，與獨立建國的理念密不可分。

吸血鬼「歸國」

在過去，羅馬尼亞國慶日是5月1日，紀念羅馬尼亞（下圖）於1877年5月1日宣布脫離鄂圖曼帝國統治，迎向獨立。但1947年重新以「羅馬尼亞社會主義共和國」重建政權，國慶日因此改成8月23日，以紀念推翻舊政府之日。直到1989年，共和國政權又遭推翻，只好再更改國慶日的日期。時至今日，羅馬尼亞的國慶日是12月1日，紀念**傳說中吸血鬼德古拉的故鄉外西凡尼亞放棄獨立**，選擇加入摩爾多瓦與瓦拉幾亞成立羅馬尼亞共和國。

初建國亂象多

全球最年輕國家是南蘇丹，於2011年1月公投後宣布脫離蘇丹獨立建國。**南蘇丹正式獨立紀念日是7月9日，以遊行和慶典盛大紀念。**

南蘇丹近年政局動盪。2013年開始的內戰讓國人民不聊生，數千人死亡還有數百萬人逃出南蘇丹（多半逃到鄰近的烏干達）。此外動亂摧毀了農作物、石油產量大減。南蘇丹唯一實質出口品是石油，也因此接近停產，全國財政面臨嚴重赤字。舉國陷入混亂後，南蘇丹總統只好在2018年取消獨立紀念日的慶祝活動。

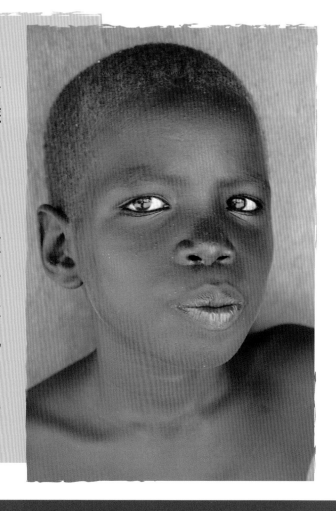

新年伊始

無論何時何地、選擇何種慶祝方式，新年到來就是全新開始！

新年新喜悅

中國人真正的新年可不是1月1日喔！依據每年農曆日期，中國新年通常是在西曆1月底或2月初。家族團聚、吃大餐、舞龍舞獅遊行（右下圖）與燦爛煙火等輪番上陣，熱鬧非凡。

關於中國新年有許多傳說。某個說法是古時叫「年獸」的怪物騷擾村莊，摧毀農作物還會吃牲畜。但是呢，據說年獸懼怕大音量與明亮火光，還很怕紅色。

於是過中國新年時大家會徹底打掃（象徵掃掉舊的一年），再用紅色大肆裝飾。許多人會張貼春聯，上頭寫有**「新年新氣象」**、**「萬象更新」**之類的文字。還會穿上紅色衣服，小朋友也能拿到裝有現金的紅包！

全面停擺

峇里島慶祝新年的方式相當特別。峇里島的安寧日就是新年（因當地曆法不同，通常都在3月），所有人會停下手邊工作，專心禁食並冥想（下圖）。**安寧日的規定是「不用火、不遠行、不活動且不娛樂」**。大家還得保持安靜，連伍拉賴國際機場都得關閉，上班也不能開車。太陽下山後，不可開燈也不可生火。就連自動提款機也「停工」，不過既然沒店家營業，自然也不需提款啦！某個咖啡店老闆受訪時表示，安寧日就該「沉思、冥想、禁食，深深自省並回想過去一年。大家安安靜靜與家人相聚，是非常特別的時光」。

碎碎平安

丹麥人在新年前夕會**拿著舊盤子，往親朋好友的家門砸！**元旦早上起床要是發現家門口碎了一地破盤子，就代表這個丹麥人的人緣挺好啦！

搖房慶祝

對於遵照波斯曆法的國家來說，新年叫諾魯茲節（新的一天），就是在春分當天慶祝新年，通常會在3月21日前後。慶祝諾魯茲節的國家主要是伊朗，中亞與其他中東地區。春分掃除是諾魯茲節的重要傳統，叫庫涅塔諾基（khoonehtanooki，搖動整間房子）。**還有個類似聖誕老人的傳說人物「阿莫」，會身穿紅衣來送小孩禮物喔！**

「熱」鬧新年

紐西蘭（以及南半球其他地區）過新年時是盛夏，寒冷冬天還沒來。因此為了享受最棒的季節，全國都會舉辦很多慶典，例如奧克蘭市郊的歐姆跨年音樂祭、威靈頓威普潟湖免費音樂會、懷希基島跨年嗨翻天等等。喜歡簡樸慶新年的**紐西蘭人也會拿個鍋碗瓢盆，敲敲打打炒熱氣氛自嗨囉！**

奇異慶典

有些文化擁有獨特的節日，特色也相當鮮明，絕對獨步全球！

淚別海岸

節日通常都是慶祝勝利或是一段開心的回憶，但玻利維亞每年在**3月23日過海洋日（Diadel Mar）的理由卻很傷感：他們痛失了海岸線的領土！**

西元1879～1883年，南美爆發太平洋戰爭，玻利維亞與秘魯聯手對抗智利爭奪阿他加馬沙漠。當時玻利維亞唯一臨海的領土就是阿他加馬沙漠。最後玻利維亞還是輸了，但新的國家英雄也應運而生，他就是軍事將領艾卓多·阿韋洛亞。智利軍隊要求艾卓多投降時，他的回答相當經典：**「要我投降？叫你祖母投降還差不多！」**

玻利維亞人仍相信有朝一日可奪回海岸線。如今玻利維亞的軍隊紋章保留一顆星星代表「艾爾利托羅」（El Litoral，即原本的海岸線），看得出玻利維亞人始終認為領土仍屬於他們。海洋日也是艾卓多的冥誕。遊行隊伍伴隨樂隊演奏以樂音緬懷國土曾臨太平洋的日子，也歌頌玻利維亞艦隊（真的有海軍啦）。

救救溺水詩人

端午節是中國夏季的主要節日，但通常西方國家會稱它為「龍舟節」（左圖）。

原本端午節是紀念西元前300年的傳奇詩人屈原，他也是當時頗具政治抱負的名人。屈原因政治因素慘遭流放，於是他跳河自殺，他的朋友與政治盟友連忙划船前去營救，這也是龍舟賽的由來。很可惜屈原仍喪命河中，於是這些朋友就把米丟入河中，希望魚以米為食，吃飽後就不會去吃屈原的身體。據說丟米的環節後來就演變成粽子（竹葉包裹糯米），成為端午節的應景食物。**如今在中國，所謂的龍舟節實質上已成為「划船賽」，吸引來自不同國家的划船好手參賽喔！**

地毯節快樂

　　土庫曼獨裁統治者活得再任性也沒人管，對憑空創造節日也興味盎然！

　　土庫曼的國定假日約有24個，其中大多數都是土庫曼首任總統尼亞佐夫（其實就是個獨裁領袖）一時興起制定的！

　　例如：**4月的第一個星期日是「滴水如金節」**。一如字面意思，這個節日的主軸是由總統來場慷慨激昂的演說，宣傳土庫曼永不退燒的節慶由來：水資源管理政績。土庫曼也很看重農業與工業出口品，因此也各自有專屬節日，例如「地毯節」（右上圖）、「西瓜節」與每個土庫曼小孩最愛的「石油能源與地質產業員工節」！

文化遺產與和解

　　國定假日是每個國家回顧歷史的方式，有時也藉此修復民族感情。南非以前曾厲行種族隔離政策，因膚色導致的差別待遇使得許多人失去基本人權。如今，南非許多國定假日都是為了紀念這段傷痛過往。

　　以前，南非稱3月21日為「沙佩維爾紀念日」，來緬懷因遊行引發警方鎮壓後喪命的69位人士；如今改稱「人權日」。**4月27日則是「自由日」，紀念1994年4月27日南非舉行第一次民主選舉**。9月24日則是文化遺產日，為慶賀南非社會由多元種族組成。12月16日則是民族和解日，激勵南非人揮別過去、團結一心。

奇異慶典

131

慶典無冷場

全世界各種文化節慶都吸引人潮聚集，有些活動趣味橫生，有些則令人瞠目結舌！

哭泣的理由

通常父母會盡力阻止小孩哭鬧，但**嬰兒哭泣相撲**慶典（左圖）剛好相反。每年4月日本東京許多神社都會舉辦「大哭賽」，由兩位相撲力士各抱著一名嬰兒走入圓形擂台。**這兩位相撲力士會想辦法弄哭懷裡的嬰兒：誰大聲誰就贏啦！**雖然聽起來有點殘忍，但本意是為了嚇跑惡魔，為嬰兒帶來幸福人生。根據日本古老諺語：「會哭的孩子長得快。」

搖擺吧！非洲

啤酒、德國臘腸和非洲？很難將三者聯想在一起對吧？但1840年代初，德國殖民勢力深入納米比亞時，就順便把慕尼黑啤酒節的傳統引入非洲啦！**每年納米比亞首都溫荷克（右圖）都會精心妝點成巴伐利亞風格**，以啤酒、香腸與傳統音樂開心慶祝。納米比亞稱這類非洲民俗音樂旋律叫翁巴（Oompah）。

面具舞節

不丹的佛教慶典叫策秋，最早可追溯至17世紀初不丹王國創建之時。如今不丹全國許多寺廟會在一年中舉辦數次策秋，以紀念藏傳佛教的創始者蓮花生大士（又稱仁波切大師或佛陀第二）。

策秋的重頭戲就是戴著面具跳嗆姆面具舞（左上圖）。根據不同節慶屬性，**嗆姆面具舞可能由僧侶表演**，也可能由外行人，甚至是軍人來擔任舞者。舞蹈本身除了宣揚佛法，也為圍觀群眾帶來祝福。西藏和印度也有跳嗆姆面具舞的習俗喔！

「飛」奔返家

許多國家都有懷念亡者的節日，例如墨西哥亡靈節是慶祝過世親人每年回家探望生者的日子。但瓜地馬拉人的祭祖方式很特殊：在該國部分地區，**當地人會穿上傳統馬雅服飾，再帶著巨大風箏去墓園慶祝，也就是巨型風箏節**（下圖）。工匠巴里葉特羅斯利用布料、紙與竹子製作風箏。有些風箏直徑可達20公尺！放風箏象徵連接亡者與生者所在的兩個世界。有些風箏上附有紙條，傳遞對過世親人想說的話；有些則織上寫給生者的政治口號，例如「尊重每個生命」。

上街喧鬧

無論是遊行、慶祝人龍或有樂隊相伴的
「第二列」都很棒！大家都喜歡出門上
街走走！

恭敬行禮

在全球各地，軍隊也參與遊行是相當普遍的現象。**但專為展示軍力而上街的「軍隊遊行」，在西方民主國家就相當罕見**，反之，對威權制的國家而言就稀鬆平常，時常都有軍隊遊行。俄羅斯在2015年就舉行了全球規模最大的軍隊遊行，約有1.6萬名軍人上街，加上數百輛軍車、直升機與其他軍火輪番助陣。同一年中國也舉辦1.2萬名軍人參與的軍事大遊行。至於非洲小國吉布地則有完全不同的光景，雖說全國軍隊總計只有1.6萬名軍人，仍然年年舉行軍隊遊行。北韓的話則毫不意外！經常會有軍隊上街：國定假日也好，政治人物生日也好，有時甚至發射新的洲際飛彈也會來「搶點鋒頭」。

全部排第二

美國路易斯安那州紐奧良（簡稱諾拉，NOLA）熱愛遊行，想上街不必多找理由啦！**只要心情對了，隨時都可加入「第二列」遊行享受歡樂**。這個特殊封號來自跟著吹奏樂隊前進的人潮，因為樂隊是「主列／第一列」，所以跳舞的人群自然就叫「第二列」。依據諾拉的當地風俗，任何人基於任何理由都可以上街遊行，別太拘束！

神槍手排排站

德國漢諾威以最長遊行人龍傲視全球。每年7月初在漢諾威的射擊節隆重登場（左圖）。**神槍手大遊行有上萬名群眾共襄盛舉，更有超過百支樂隊助陣。**人潮綿延12公里長，蜿蜒穿過漢諾威市中心與各大露天市集。

同志遊行（以愛之名）

同志遊行旨在表彰性多樣社群（右圖，縮寫成LGBTQ）的尊嚴，源自1970年紐約市的**克里斯多夫大街解放遊行**。當年的解放遊行是為了紀念「石牆暴動」，也就是開啟現代同志平權運動的關鍵事件。如今同志遊行已普及全球，包括如塞爾維亞、模里西斯、格陵蘭與臺灣等都有同志遊行。

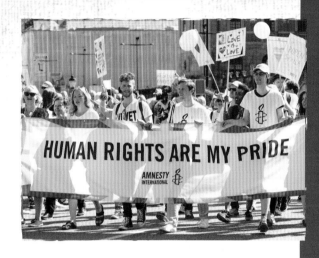

全球最大規模的同志遊行應該就在巴西，聖保羅同志遊行（葡語，Parada do Orgulho）吸引超過500萬人上街。中東地區最大規模的遊行則在特拉維夫，每年有15萬人參與。

然而，並非所有地區都能接受同志遊行。2015年在土耳其安卡拉的同志遊行就面臨暴力解散。烏干達的LGBTQ族群則面臨嚴重迫害，即使曾試圖舉辦活動也連連受挫。反同立場最強硬的國家則非俄羅斯莫屬：2012年俄羅斯政府直接頒布「百年」禁令，強力抵制同志遊行。

鮮花滿城

哥倫比亞麥德林市的花農每年8月都會舉辦同業遊行，稱為「鮮花大遊行」（右圖）。**依據花藝比賽結果，來決定誰排在遊行隊伍的位置：**獲勝的花椅製作者走第一！原本「花椅」代表攜帶花的方法，但演變至今天已成一種插花藝術。還自有一套看待「插」花的方法，可不是拿成束的玫瑰來充數喔！花椅有個流派叫「紀念碑」風格，花藝成品可高達4公尺，重達100公斤。

狂歡火花

自從中國於中世紀時期發明火藥後，要點燃群眾激情，似乎少不了「爆破」囉！

璀璨高潮

煙火自從問世以來，就被視為「嚇退惡靈、迎接好運」的利器。全球每年年底陷入瘋狂跨年氣氛，以煙火作為主軸，興奮迎接全新的一年再適合不過了！倒數完畢，當新年開始的那一刻，全球各大主要城市煙火齊放，從南半球奧克蘭，到北半球柏林、雅加達、貝魯特、雷克雅維克、吉隆坡等地，七彩夜空美不勝收！

閃耀夜空

煙火成色其實就是依據化學原理，**結合不同化合物創造不同的色彩**。雖然公認是中國發明了煙火的前身（即火藥），但搞懂如何運用化學物質「顯色」得歸功義大利喔！

下次欣賞煙火秀的同時，不妨默背複習哪些化合物正在幫天空染色：

- 藍：銅
- 黃：鈉
- 紅：鍶或鋰
- 綠：氯加鋇
- 藍綠色：氯加銅
- 銀色：鈦或鎂
- 橘色：鈣

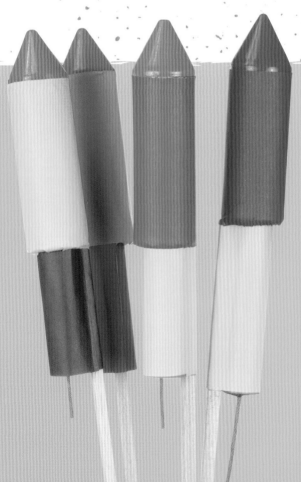

神乎其技

煙火最神奇之處莫過於「造型」啦！為什麼只要點燃煙火，就能在天空湊出絕妙形狀呢？這是因為煙火殼裡藏有眾多煙火小球，**製作時按照預期效果細心組裝、巧妙排列後，在夜空綻放瞬間就能「畫圖」囉！**

煙火小祕笈

第一場煙火秀於1486年在英格蘭登場，為了慶賀亨利七世迎娶約克家族的伊莉莎白，也宣告玫瑰戰爭告終。

煙火的日文為花火（Hanabi）。每年7、8兩月是花火的旺季。這個時期日本煙火秀約有百場，某些日本地區甚至天天都能欣賞煙火呢。

最大規模煙火秀於2016年在菲律賓亮相，總計點燃81萬904枚煙火。紀錄排名第二的是杜拜，於2014年舉辦的跨年煙火，總共放了50萬枚，「燒掉」600萬美元！

求學與就業

學校的英文「school」來自希臘文的「休閒」。你沒看錯：**古希臘人對受教育非常熱衷，他們認為聽演講就像休閒一樣，樂趣無窮。**當時聽演講的地點就叫「思克霍爾雷，skholé」。

根據經濟合作暨發展組織（OECD）調查，全球最辛勤工作的國家就是**墨西哥：每人每年工作時數最長。**緊追在後的是哥斯大黎加，季軍則是南韓。

全球規模最大的學校在印度。大城市勒克瑙的英制「城市蒙特梭利學校」總共有**3.2萬名學生**。

歐洲最辛勤工作的國家是希臘！古**希**臘人把「學校與樂趣」視為一體，頗有傳承意味呢！

上學趣

雖然全球孩童們所就讀的學校都有共通點，
卻不代表所有學校都一樣喔！

成績怎麼算

昨天考得如何？優等？還是滿分10分的7分？
或者所謂的「中等」成績？以下就是各地不同
的評分方式：

· 巴西以1到10分打成績：10分滿分（特優）
  ，5分就只是剛好及格（中等），0分就「沒
  救」啦（sin rendimiento）！

· 吉布地則採20分成績制：14分以上算特優，12分以上是優等，10分是剛好及
  格，10分以下就不及格啦！

· 德國以1到6分打成績：1分最好，4分則中等，拿6分就不及格！

· 馬利以1到20分打成績：至少要拿8分才算及格，15分以上就相當優秀啦！

· 塔吉克採用「形容」而非給分的方式來評定學業表現。像是超棒的、還不錯啦表
  示中等，低空飛過，剛好及格囉！

功課趨近零？

　　芬蘭學生在課業成績表現方面，時常領
先歐洲全區同儕。猜猜看芬蘭學生花多少
時間做作業？

　　答案是：零。每週零小時。

　　平均而言，芬蘭學生幾乎沒有作業，
就連上課總天數也較其他國家短。小學生
的下課時間很長，平均每天有75分鐘。美國
小學生下課時間則只有27分鐘。

　　芬蘭人怎麼辦到的？應該與理想的師生比有
關：每位老師只負責12位學生。

午餐吃什麼？

　　很多國家都相當看重午餐，有的國家還會在早上課程結束後，先讓學童回家一趟吃午餐，再回學校繼續下午的課程。當然也有很多學校提供午餐，有時是住宿學校的緣故，有時則單純因為回家的路程實在太遙遠啦！

　　以下是全球各地常見的營養午餐餐點：

- **剛果共和國**：主食為富富（fufu，山芋與木薯混合磨成泥狀，類似歐美的馬鈴薯泥）搭配燉豆與毛毛蟲。
- **芬蘭**：豌豆湯、甜菜、蘿蔔、潘娜考甜煎餅與莓果。
- **日本**：烏龍湯麵、竹輪、米飯、蔬菜。
- **南韓**：魚湯、泡菜、新鮮蔬菜、豆腐、米飯。
- **西班牙**：蝦、米飯、青甜椒、西班牙番茄冷湯。
- **烏克蘭**：羅宋湯（又稱甜菜湯）、香腸、馬鈴薯泥、萵苣絲。

學校大哉問

很多日本學生喜歡配戴「幸運」手鍊，但一次只能戴一條喔！因為戴太多會被誤認為是想作弊啦！

丹麥小孩慶祝四歲生日的方式就是：第一天上幼兒園！

冰島學生對編織課習以為常。

中國很多學校都允許學生吃完午餐後小睡片刻。

特殊學校

學校不一定都是巨大的磚瓦建築。也有戶外學校、線上學院，甚至有「漂浮」校園喔！

漂流學習

東南亞國家孟加拉長年深受水患所苦。而且不僅限於6～9月的「雨季」，水災頻頻、防不勝防，帶來的負面影響就是學校經常停課。為了解決此問題，**孟加拉有約莫100間水上學校（右圖）**。這些學校每天早上「漂流」去接學生，再定錨停泊上課，等到放學時再「漂流」一次把學生送到家。船隻結合校園與校車的功能隨機應變。水上學校也設有太陽能發電的連網設備喔！

昆士蘭空中教室

由於澳洲幅員遼闊、地形複雜，即使是最近的學校也可能離家好幾公里遠。因此為了方便就學，澳洲提供「**空中教室**」的學習方式，只要在家連上網就可自學。各地學生登入學校網站後就能上課並接受線上測驗。而且，只要撥打免付費電話就能直接和老師對談。學生家長也會依地區定期聚會，實際地面對面互通有無。每年也會舉辦為期一週的學校營隊，讓空中教室的學生互相認識。

空中教室聽起來不僅很現代化還結合了高科技，但其實並非如此，**早在1950年代就有空中教室存在，只是當時靠電台廣播授課。**

隨處可學

印度有非常多獨樹一格的特色學校。大城市勒克瑙的英制「城市蒙特梭利學校」總共有3.2萬名學生，榮登全球學校人數之首！

有別於傳統的校園形象，教育家英代爾姬·庫拉納女士於1985年創辦了「鐵路月台學校」。她希望能為那些出沒於印度各大城市的月台，出身貧窮、乞討謀生的孩子，創造受教育的機會。**如今庫拉納女士的教育機構經營著12間鐵路月台學校**，甚至還有數家「移動教室」，會開去貧苦鄉下、巡迴授課。印度教師拉吉希·庫瑪·拉杰什則在大城市新德里的高架橋下教授基本課程：每天早上兩小時的男生班與下午兩小時的女生班。

魔法學校

小說《哈利波特》的故事設定中共有七座魔法學校，分別設在巴西、日本、烏干達等地。然而，真實世界就沒這麼多魔法學校可供挑選，但也不是完全沒有「成巫」的機會喔！

波蘭城鎮萊希納的「巫師學院」就蓋成哈利波特風格的城堡，讓你角色扮演、體驗魔法。英國則有**「博斯韋爾巫術學院」讓大家過過扮巫師的癮！**這兩間「學校」都煞有其事地提供可包含週末的課程，讓不懂魔法的「麻瓜」藉此美夢成真啦！

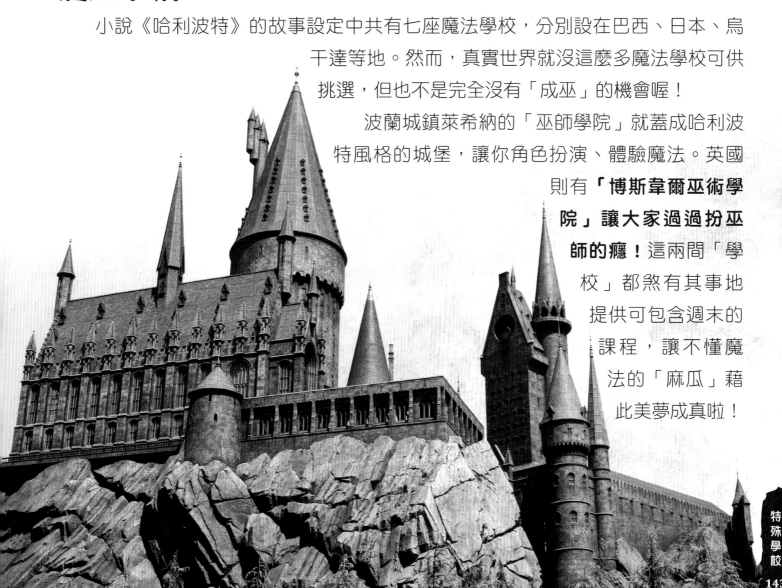

「讀」一無二

上學後要學什麼呢？學校地點不同，學習內容也大不同！

大統領做主

北韓（下圖）學生必須學外語，通常是**英文或中文**。照理來說北韓人不被允許出國，境內觀光活動的限制也非常嚴格，因此無法確定到底何時才能用到外語。儘管如此，北韓官方仍相當看重語言學習，就像北韓老生常談的政治宣言：「**外語是人生奮鬥的有力武器**」。

跟著動物走

蒙古國的義務教育年限為5至15歲，但**約莫30%的蒙古人都是遊牧民族（右圖）**，因此學生在這種生活模式之下很難維持一年全勤。有些遊牧民族小孩必須跟親戚住才能持續就學。有時會讓母親待在「索姆」（saum，蒙古語，村莊）陪伴孩子，父親則帶著動物四處遊牧。對於是否該讓遊牧民族孩童讀寄宿學校，蒙古國內爭論不休。好處是不會錯失學習機會，但小小年紀就與家人分開也是缺點。

雖然蒙古國面臨上述困境，教育現況卻相當樂觀：男性識字率達98%、女性達98.9%。蒙古國的學生升上5年級後就會開始學俄文或英文，有時甚至雙修兩門外語。

下鄉學習

古巴哈瓦那的學校曾持續實施鄉村學習制數十年。在這種體制下，**原本在城市就學的學生，每隔幾個月都得到農業區寄宿學校上課**。寄宿期間，學生早上得照顧農作物，下午則回到教室上課。支持者聲稱藉此能讓學生習得實用生活技能，還可學會尊重勞動工作者。

但批評者指出學業進展不僅因此減緩，學生也受到不良待遇：沒有適當農活設備，甚至沒有穿上合適工作鞋就被迫下田勞動。對此，古巴政府近年已低調地取消鄉村學習制。

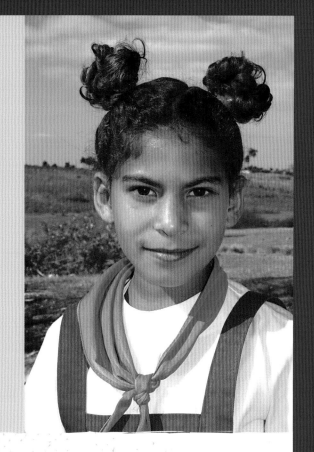

吾愛吾國

剛果民主共和國採全國統一課程制，做為各級學校施教依據。由於剛果過去曾有很長一段時間受比利時統治，學校科目與授課方法都深受比利時教育觀點影響。剛果近年則已略做調整，讓課程反映剛果的本土價值觀。例如涵蓋宗教主題，更強調藝術（尤其是歌唱與音樂）還有剛果歷史。學生也可以學非洲語言（**光是剛果境內就有超過200種非洲語言**）。此外，法文也是學科之一。

課後不落後

不同國家看待課後活動的角度各異其趣！

寫作業社

多數課後社團都是為了找樂趣而成立，但……也有例外喔！例如：許多法國學校都有「**課後做作業社團**」，讓學童能先得到課業協助再回家。社團多由退休教師或大學生負責管理、輔導，旨在解決父母無暇協助學童做作業的問題。

儘管如此，某些法國政府官員仍提議**全面禁止出作業**。不過目前還在提案階段。暫時還是由寫作業社團幫忙囉！

棒球哲理

在熱愛棒球運動的日本，許多孩童一有時間就往棒球場跑，辛勤練習。但日本少棒和一般人印象中的棒球不太一樣。例如，光是**週末練習時間就可能長達8到10小時**。帶領某日本少棒強隊的小聯盟教練大前真澄（音譯，Masumi Omae）受訪時表示，這就是日文漢字所指的「根性」，意同韌性。至於日本所謂野球道（棒球之道），此詞彙隱含的紀律包括良好的自制力，反覆練習精進球技，且絕對不容許抱持唯我獨尊的心態、自視為明星球員。

逐夢棋緣

在烏干達首都康培拉市郊的貧窮區卡特威，隸屬「運動推廣組織」的羅伯特·卡通德正在積極推行意義深遠的活動：**教社會底層的小孩下西洋棋**。烏干達人對西洋棋原本相當陌生，就連母語中都沒有西洋棋一詞。羅伯特的西洋棋活動甚至稱不上「課後社團」，因為很多窮苦家庭的小孩根本沒錢上學。儘管在這麼艱困的環境下，羅伯特所指導的菲奧娜·穆特西仍贏得代表烏干達的資格，為國出征國際西洋棋大賽，最終以出色表現成功獲封世界西洋棋總會認證的「女子候選大師」。**菲奧娜的人生故事在2016年改編成精彩電影《逐夢棋緣》。**

「補」就對了

臺灣與中國大陸（下圖）的學生普遍都在補習中度過「閒暇時間」。所謂**補習班就像課業指導中心，有時英文會翻譯成「填鴨學習教室」**。學生在補習班會上各種科目課程，包括數學、科學甚至藝術類。生意最好的就是教英文的補習班。總而言之，華人學生放學後仍然在上學。

夢幻工作
來認識世界上最獨特的工作吧！

淚灑瞬間

如果要頒個「最怪工作之國」的獎項，絕對是日本脫穎而出！
以下就是幾個別出心裁的日本職業：

· 戴白手套的推伕**在日本超擁擠的電車月台（右圖）推人上
車**。他們的工作就是確保人潮流動順暢，且車門關閉時不會
有乘客被夾住！

· 如果在日本擠電車讓你心力交瘁，你也可以選擇租個「落淚
花美男」陪看哀傷電影。他會貼心幫你擦掉臉上的淚珠喔！

· 不過既然都要付錢請人陪你看電影了，不妨就**租個男友**吧！
出租男友的價碼約每小時新台幣1,200至1,500元。

· 要是租來的男友得罪了別人，**還可雇用「專業道歉師」代表致歉**。根據道歉方式
的不同收費也不同：電子郵件道歉最便宜，「真人」當面道歉最貴。其中一項服
務是「邊哭邊道歉」，至於價碼則是商業機密啦！

多睡片刻

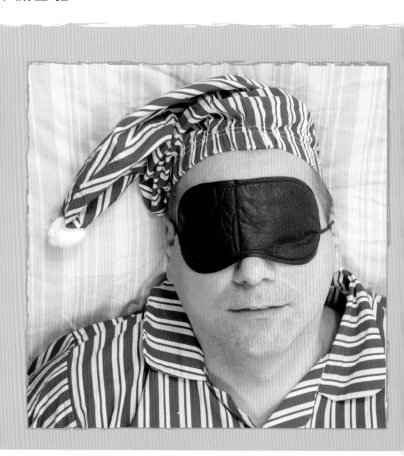

　　芬蘭赫爾辛基的費恩飯店曾因整修而
長期停業，等到要重新開張時，飯店老闆
認為應該來點噱頭，幫飯店好好宣傳。於
是他刊登了神奇的徵才廣告，尋求「**專業
睡眠師**」來飯店住一個月，輪流睡不同客
房，並評估每個房間的舒適程度。

　　不過當你閱讀到這裡，這麼棒的工
作早就找到人啦！但也別擔心：全球各大
床墊公司與睡眠研究室都會徵求專業睡眠
師。美國德州的床墊大廠馬垂絲費爾就曾
稱此職缺為「打盹體驗師」。

騎馬捕蝦

比利時西部地區「奧斯特敦克爾克」與北海相鄰，全球僅有的**「捕蝦騎師」**（下圖）就在此區出沒喔！騎馬捕蝦的傳統最早從約500年前開始，比利時技術高超的漁夫騎馬涉水，把捕蝦網綁在馬鞍上工作。

遺憾的是這項傳統即將走入歷史。因為近年海水暖化，捕蝦騎師捕到的蝦子減少，反倒捕獲比較多水母，但水母無法當成食物販售。即便如此，許多捕蝦騎師並沒有因此轉行。捕蝦騎師澤維爾‧范彼耶蒙特受訪時表示：「比起騎馬，開漁船確實能捕到比較多蝦子，但我還是喜歡騎馬，因為牠是我最好的朋友！」

奇工怪活

多數幸運餅乾都是由全美最大供應商「雲吞食品公司」製作。至於餅乾內的訊息30年來都是出自同一人之手：多納‧勞。不過2017年他遇到嚴重創作瓶頸，順勢就宣布退休啦！

專業公主負責在遊輪與遊樂園扮成公主形象、娛樂小孩。

中國雅安市的保護**大熊貓**研究中心曾徵「熊貓保姆」來陪熊貓玩，好讓熊貓不無聊！2013年開缺時吸引了10萬人應徵。

勇者多勞

問問自己：我能勝任這些危險工作嗎？

留頭保命

泰國有家「桑弗蘭大象樂園與動物園」，讓你猜園內最糟的工作是什麼？幫大象清理排泄物的工作人員對吧？答案很接近，但還不是最糟的！

畢竟桑弗蘭不僅養了大象，園內還有近萬隻鱷魚！園方每天舉辦兩場鱷魚秀，**特技演員會把手或甚至將頭伸進鱷魚張開的大嘴**（上圖）。由於鱷魚擁有「地表最強」的咬合力，只要哪天這些海生鱷魚心情不好，歡樂表演就會以悲劇收場了！

死亡地帶

西方國家登山客前進喜馬拉雅山區挑戰聖母峰（下圖）時，都不會孤軍奮戰！除了攜帶為數可觀的現金之外，光是登山許可費用就要約新台幣33萬元，另外還要負擔交通成本並添購裝備等等，而且一定會聘僱專業高山嚮導「雪巴」。

過去幾年來「雪巴（Sherpa）」成為英文常用名詞。實際上**雪巴族分散在尼泊爾、印度與中國等地**，而雪巴一詞在原住民語中代表「東方人」，並非現在多數人以為的意思：「會幫你揹行李的人」。

在聖母峰上，各式死傷意外頻傳，其中包括了**摔落、雪崩與失溫症**。根據攀登喜馬拉雅山的相關死亡紀錄，約有三分之一都是雪巴族人。2014年一場雪崩就奪走了14條雪巴族人性命。

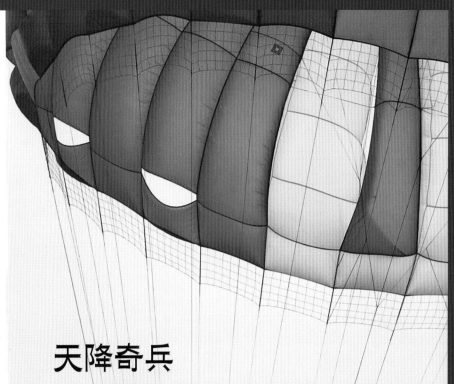

整潔得要命

盧安達首都吉佳利表面上很光鮮亮麗，街道整潔沒有垃圾，不像很多大城市髒亂不堪。吉佳利的街道上每隔一段固定距離就設有垃圾桶，路旁還種有鮮花裝飾。但根據多方報導指出，美麗市容下暗藏醜陋真相。

由一群婦女組成的清潔工長時間賣命工作，每週工作6天，拿著樹枝紮成的掃把清理街道。她們沒有反光背心，即便是到了車速極快的高速公路上清掃也不曾穿戴，有時行駛車輛只差幾公分就會撞上清潔婦。雖然她們拿命換錢，但據說每月收入僅有新台幣2,100元。

天降奇兵

消防員常名列全球最危險工作，其中最危險的消防相關工作就是空降消防員。打火英雄得**跳傘直接降落到森林大火災區中！**俄羅斯人於1930年發明了空降消防救火模式，如今俄羅斯也是全球雇用最多空降消防員的國家。

俄羅斯空降消防員「險中犯險」，只靠老舊裝備、低規格的安全要求，甚至不繫安全帶就上陣。某空降消防員接受《國家地理》採訪時表示：「我們面臨三重風險。首先是得搭機出勤，還得跳傘，而且是直接跳入火場！」

藝術與娛樂

藝術是人類表達自我的語言。 無論你喜愛的藝術型態為何，也許在相隔千里以外某個國家也有與你同樣**滿懷熱情的同好喔！**

基於宗教因素，沙烏地阿拉伯全面禁止「**精靈寶可夢**」相關產品。

卡波耶拉（左圖）被視為巴西國民舞蹈，結合舞蹈、武術與雜技等元素，曾盛行於現稱安哥拉一帶的黑奴族群。當初可能是黑奴必須以舞步隱藏打鬥技巧，因此催生了卡波耶拉。

印度電影產業「寶萊塢」每年推出超過1,600部電影，幾乎是美國好萊塢產量的4倍！

「樂」音繞梁

無論是圍著營火聽音樂或上網使用串流音樂服務，音樂深深影響著全球人類的生活。

雙音合一

你一次能唱出幾個音？只能唱一個嗎？那表示你不是喉音歌手囉！**喉音唱法是歷史悠久的演唱技巧**，以特殊呼吸法搭配舌與喉部的精確動作，便可同時唱出多個音。喉音歌手基本上能「自己幫自己合音」。最有名的喉音歌手莫過於「圖瓦」地區演唱家（上圖），也就是俄羅斯境內鄰近蒙古一帶。南非科薩族與加拿大北部的因紐特族也有喉音唱法，代代流傳。

隨波逐「樂」

典型的墨西哥街頭樂隊（下圖）是由小提琴、小喇叭等銅管樂器與兩把吉他組成，一支5弦吉他搭配另一支6弦吉他。**樂手身著南美牛仔服飾，靈感來自墨西哥哈利斯科州的牛仔。**

索奇米爾科的運河區最適合聆聽街頭樂隊演奏囉！此區離墨西哥首都墨西哥城不遠，可以搭乘一種彩船遊覽運河，有些船上載滿街頭樂隊，讓遊客邊漂邊享樂！

怪出新高度

惡魔玩重金屬、超大型倉鼠跑步滾輪與唱饒舌的火雞布偶。這些都只在《歐洲歌唱大賽》（下圖）才會出沒！

《歐洲歌唱大賽》是一年一度的全球流行音樂盛會，不過也有人戲稱是最搞笑的音樂活動。 1956年舉辦首屆比賽，當時只有10個歐洲國家參賽。之後每屆就愈盛大奢華，每年也吸引許多新的參賽國，2018年更創下開賽以來最多參賽國的紀錄：共有43個國家共襄盛舉。

《歐洲歌唱大賽》最知名特色就是**超誇張的表演**：惡魔裝扮（下圖）是芬蘭選手2006年傑作，倉鼠跑步滾輪則出自2014年烏克蘭選手的鬼點子。裝扮成火雞唱饒舌則是來自2008年愛爾蘭選手的大膽嘗試。愛爾蘭參賽選手已拿下7屆冠軍，可惜並不包括「火雞饒舌」那一屆！

音樂冷知識

銅管樂團風行全印度，而且每個樂團都至少能演奏一首非印度名曲：爵士經典曲目《龍舌蘭》。

迪吉利杜（下圖）是澳洲原住民部落的傳統管樂器。根據現存最古老壁畫，1,500年前就能聽到迪吉利杜的美妙樂音囉！

法國音樂節或稱音樂之日，於每年6月21日登場。雖然音樂節的傳統源自巴黎，但如今**超過100個國家都會慶祝音樂節**。不僅舉辦免費音樂會，也鼓勵民眾外出演奏或聆聽音樂。

「舞」獨有偶

自從6,000年前肚皮舞問世以來，舞蹈風格就分為兩種基本款。首先是劇場風格（看我表演就好），另一種是社交互動風格（大家一起跳）。兩種表演風格都有許多獨到的藝術詮釋方式與魅力，讓人「坐不住」想大展舞技！

全員「跳」舞

在非洲肯亞與坦尚尼亞一帶，年輕的馬賽族戰士會接受為期4天的成年禮儀式「優紐托」（Eunoto，右圖），正式揮別初階軍階成為資深戰士，從此以後就可以結婚啦！成年禮儀式的主軸是跳動舞蹈（Adumu），這個字本意就是「跳」。大家會圍成圓圈唱歌，年輕馬賽族男子會輪流在圓圈中跳躍：關鍵在於身體挺直、跳得愈高愈好，而且腳跟不著地。如今，馬賽族在非正式場合也會表演跳動舞蹈，主要是為了娛樂觀光客。

自由踢腳

　　哥薩克族分布在現今俄羅斯、波蘭與烏克蘭等國境內。15世紀時，哥薩克人終於掙脫農奴制（中世紀開始的強迫奴役制度），而哥薩克人的族群意識也逐漸茁壯成形。哥薩克（Cossack）本意就是「自由人」，貼切反映了族群歷史。哥薩克人以高超馬術聞名，也是驍勇善戰的傭兵。

　　哥薩克族也是舞蹈高手，舞步包含動感十足的蹲下跳踢、旋轉表演（右圖）。同時也結合翻滾雜技，有時甚至會舉劍跳舞。哥薩克舞風也影響其他地區的文化，例如：俄羅斯版哥薩克舞就承襲了蹲下跳踢的舞步；喬治亞的牧羊人之舞「坎里烏里」則由舞者用膝蓋支撐身體旋轉，並同時丟出匕首喔！

舞出新人生

巴西里約熱內盧的熱鬧市區中，稱為「棚屋區」的貧民窟不僅擁擠且犯罪猖獗。對於貧民窟長大的小孩而言，要脫離貧窮暴力的人生循環非常困難。有些志工團體如**「覺醒戰舞」就在貧民窟辦舞蹈工作坊，希望藉此讓此區孩童重拾文化尊嚴。**

卡波耶拉（右圖）結合舞蹈、武術與雜技，原本流行於現今非洲安哥拉地區的黑奴族群間。這種充滿能量的動感舞風／打鬥技巧已風行全球，被公認為巴西的代表性舞蹈。覺醒戰舞等志工團體立志透過傳授舞步讓棚屋區年輕一代打開眼界，讓青年看到遭幫派統治生活圈以外的世界！

敲敲竹竿

菲律賓的竹竿舞（右圖）表演者的「足技」過人，能在平貼地面的兩根竹竿間靈活踩踏。舞者試圖模仿本土鳥類黃領秧雞，學牠們如何優雅躲過農人設下的陷阱。**竹竿舞是菲律賓的國民舞蹈。**如今除了傳統節慶會表演竹竿舞，也會在體育活動課中傳授，有點類似西方國家的有氧舞蹈。

瑪卡蓮娜精神

不管走到世界哪個角落，參加婚禮、猶太教成年禮，或在任何派對上跳起團體舞，幾乎都少不了瑪卡蓮娜舞（左圖）。這種舞步以手勢為主，搭配西班牙沙發音樂團體「河流二重唱」的洗腦神曲。1992年名曲《瑪卡蓮娜》首度發行，**歌曲本身與玩鬧風格的舞蹈瞬間爆紅，**於1990年代中期席捲全世界！由於瑪卡蓮娜舞非常簡單，幾乎沒有人不會跳，所有人也大概都跳過了。然而，很多人不知道這首歌的「真面目」：它雖然是婚禮派對的常見曲目，唱的卻是年輕女子趁男友當兵時，頻繁換情人背叛愛情的故事。

嗯，該說恭喜新郎新娘嗎？

繪聲繪影

電影是哪個國家發明的？美國、英國還是法國？答案是三國都貢獻了一些。電影產業從一開始就走「國際化」路線啦！

《馬車伕》起頭

塞內加爾導演烏斯曼・塞賓是非洲電影產業的先驅。1963年他自編自導電影《馬車伕》（Borom Sarret），據信這也是第一部由非裔導演出品的非洲電影。故事背景設定在塞內加爾首都達卡，呈現馬車車伕如何辛勤工作、試圖在城市生存。當時塞內加爾是法國殖民地，而法國政府規定非裔不得製作電影。塞賓只好祕密低調進行，請親朋好友來擔綱演出。他借助歐洲朋友提供的剩餘膠捲，用16釐米攝影機克難地拍攝了18分鐘長的電影。

漫威進京

看過電影《鋼鐵人3》了嗎？除非到北京（下圖），否則大部分應該都只看過非完整版。

電影製作方為了確保《鋼鐵人3》在中國票房長紅，**特別製作「中國限定版」**加入新的次要情節，例如主角東尼・史塔克去醫院動心臟手術時，某位醫師就是由中國知名影星范冰冰扮演。為什麼製作方這麼大費周章？當然還是為了錢：預期中國將超越美國，成為全球貢獻最多票房的國家。

各大「萊塢」

　　說到電影產業大部分人都會先想到好萊塢，但並不代表好萊塢沒有競爭對手。事實上**全球產量最高的電影製作重鎮並非好萊塢**，而是印度寶萊塢。由於印度首都孟買的舊稱叫「寶北（Bombay）」，因此孟買電影產業蓬勃發展後就取了「寶萊塢」暱稱。如今寶萊塢每年推出超過1,600部電影，幾乎是好萊塢產量的4倍。

　　好萊塢還排不上全球電影產量亞軍喔！**奈及利亞的「奈萊塢」**僅次於寶萊塢，每年約生產1,000部電影，而且奈及利亞電影產業僱用的奈及利亞人總數甚至傲視國內其他產業，僅比農業少。奈及利亞電影多半幾週內就殺青，每部預算大約新台幣30萬元，很多是為了直接推出DVD光碟而拍，而非為了要在電影院上映。

　　等等這還沒完喔！怎能忘了其他電影工業重鎮：中萊塢（中國）、達萊塢（孟加拉）、迦萊塢（迦納）、韓流塢（南韓）、康萊塢（尼泊爾）、馬來塢（馬來西亞）、史瓦希利塢（坦尚尼亞）、烏干塢（烏干達）、威萊塢（紐西蘭）與辛萊塢（辛巴威）。

電影祕辛

澳洲電影《凱利幫的故事》是1906年推出的無聲電影，公認為史上第一部完整的劇情片。

1995年的寶萊塢電影《漂洋過海愛上你》在孟買某家電影院放映超過1,000週。

如以可容納觀眾人數計算，**全球最大影城**是西班牙馬德里的欽內波利斯影城。不僅有25個大型放映廳，也坐得下9,000名以上觀眾！

電視奇聞

自以為是電視迷嗎？中國絕對是全球擁有最多電視的國家：超過4億台！

別被抓到

俄羅斯電視節目《攔截》別出心裁，首先參賽者會拿到已通報失竊的車，必須在時間限制內逃過莫斯科警方追捕，成功的話便可得到車子。**顯然俄羅斯警方希望借助節目展示實力，讓偷車賊知難而退。**但節目收視率太高反而本末倒置，車輛失竊率不減反增！導致《攔截》僅播出一季就宣告腰斬。

黑白分明

南非直到1976年才准許電視開播，遠遠落後其他非洲國家。許多非洲國家如肯亞、獅子山共和國、剛果、羅德西亞（現稱辛巴威）與衣索比亞在1960年代便引進電視娛樂，摩洛哥與奈及利亞甚至在1950年代後期就開始看電視了。

當時的南非總理把電視娛樂比喻成原子彈，宣稱看電視會讓年輕人頹廢沉淪。**但實際上南非當局擔心的是「自由解放」思潮傳播。**某位南非政治人物承認，引入電視恐引發「白人南非政權瓦解」。電視是否讓南非變成更平等國家也許沒有定論，但可以確定的是電視進入南非市場前，嚴苛的全國性種族隔離政策已實施超過30年。南非人開始看電視後過了約12年多，才針對終止種族隔離政策進行協商。

傳播無國界

美國以犯罪為主題的節目風行全球，例如《CSI 犯罪現場》與衍生劇等。羅馬尼亞人偏愛《CSI 犯罪現場：紐約》，匈牙利人則熱愛《CSI 犯罪現場：邁阿密》。至於義大利人則喜歡帶有海軍元素的《重返犯罪現場》與《重返犯罪現場：洛杉磯》。

有些節目會搭配翻譯成當地語言的字幕播出，有時甚至連劇中對話都會在翻譯後配音重錄。美國動畫劇《辛普森家庭》在阿拉伯聯合大公國播映時，就經過重新剪輯與重錄成《仙姆遜家庭》。劇中角色荷馬與美枝也改名成「歐瑪」與「莫娜」。為了配合穆斯林國家禁酒戒律，**「歐瑪」改成喝汽水而非達夫啤酒**，而且沒有人光顧老莫開的酒吧。抱歉啦老莫！

有時乾脆重新製作、推出新版影集會更實際。俄羅斯電視台就曾播映重製版的美國喜劇，包括《酒吧五傑：莫斯科》與《大家都愛柯斯提亞》（美劇《大家都愛雷蒙》）。伊朗則重新翻拍美劇《摩登家庭》，伊朗版叫《七石》。至於美劇《歡樂合唱團》也以全新面貌與中國觀眾見面，就叫《我的青春高八度》！

好看的代價

瘋狂競賽型節目絕對是日本的強項。日本節目《AKBINGO!》折磨年輕女性參賽者絕不手軟，堪稱惡名昭彰。某集曾讓她們額頭頂著美味牛排，**直接面對超大隻蜥蜴。**《DERO 密室遊戲大脫逃》則設計超嚴苛的挑戰，參賽者必須掙扎脫身，例如：**被困在快速進水的房間或身陷巨大流沙中！**

劇場魅力

無論是票價高昂的百老匯表演、主題樂園的歌舞秀，或街頭魔術表演，都屬於劇場表演的延伸喔！

超長表演

現場表演時間通常會持續多久？大多數人花2小時左右欣賞演出。但對於現場表演的時間長度並無定論，不同地方看法不一。以下就是幾個實際例子。

- 上阿默高位於德國南部，每隔10年就會舉辦大型耶穌受難劇公演，重現耶穌基督被釘上十字架的過程。此劇**動用約2,000名演員，演出時間將近一整個白天。**
- 《摩訶婆羅多》被譽為世界上最長史詩，內容描述爭奪古印度統治權的戰爭。1980年代上演法國改編版，演出時間長達11小時。
- 印尼峇里島與爪哇島的「哇揚」皮影戲相當知名：**表演時間超長、令人昏昏欲睡**，運用**精緻的平面皮影人偶**搭配風格獨特的「甘布舞劇」（下圖）。傳統上這類表演可能持續好幾天，中間完全不休息。如今多半會縮減成4至5小時，觀光客才不會看得不耐煩囉！

生旦同台

說到「歌劇」，西方人腦海可能會先浮現身材壯碩的女伶，而且頭上還戴著有角頭盔。但**中國京劇（英文翻譯成「中國式歌劇」）**自有豐富的文化傳統。京劇（上圖）和西方國家的歌劇大異其趣。例如京劇中有固定的角色設定，觀眾們一目了然。「生」就是男角，而且還有很多衍生角色：「小生」是年輕英俊的男子，「老生」是年長、地位較高的男子，「武生」就是男武士。女角則叫「旦」（上圖），也細分很多種類：「閨門旦」是年輕又會調情的女角，「老旦」則是年長女性，「刀馬旦」就是女武士。此外京劇傳統中應由男性扮演女角。

非洲風劇碼

奈及利亞於1960年脫離英國獨立，之後數年間西非國家**興起非洲風（下圖），各類型態藝術表現皆以非洲特色為主要訴求**，其中也包括劇場表演。例如廣受歡迎的約路巴歌劇，它融合了當地傳說、啞劇、音樂與舞蹈，頌讚或幽默地諷刺奈及利亞文化。除了傳統表演型態，奈及利亞也出產以西方用詞揮灑藝術精神的劇本。最出名的莫過於渥雷・索因卡。他在1986年成為諾貝爾文學獎史上首位非裔得獎者。

百老匯軼事

「超美銀白大道」的暱稱

源自1880年首次裝設路燈。夜幕低垂時百老匯仍燈火通明，讓當時的美國人大為驚豔。

「百老匯」稱號不是依據劇院所在地點，而是由劇場座位數決定。百老匯劇場都具備500個或以上座位數。

多數的百老匯劇場都沒有「L」排，因為英文字母「L」很容易和數字1搞混。要是觀眾誤以為自己能坐在第1排，劇場管理人員就會很傷腦筋啦！

符合現代定義的**首部音樂劇**是《惡騙子》，1866年於百老匯開演。

百老匯最長壽的音樂劇

就是《歌劇魅影》（上圖），創下1.2萬場次的傲人紀錄。

溫情手工

藝術與手工藝遊走於實用與美觀之間，最棒的作品就是兩者兼具！

織出能量

亞塞拜然的「夏達（Shadda）」織毯是從數千年前流傳下來的傳統文化資產。毯子上的圖案設計反映人生各種重大事件，例如婚喪喜慶等。**夏達織毯還蘊藏特殊意義與能量。**例如：哥達克莉可夏達織毯（右上圖）就是特別為婚禮織成，以保護新人遠離厄運與不幸。綺拉夏達織毯則採紅藍雙色圖案，據說能消災解厄。當地也有讓年輕女性坐在綺拉夏達織毯的特別儀式，儀式進行中會讓她們討論對未來的期盼。儀式結束後就把坐過的織毯晾在戶外1週，希望藉此能吸收能量，幫助她們美夢成真。

重拾美麗

在非洲國家茅利塔尼亞，基法（Kiffa）手工珠鍊既是首飾也是護身符。燒製這種串珠前會先把多色琉璃壓成細粉後混合唾液（你沒看錯，就是口水），加入草葉創造精細的漩渦圖案，再放到高溫煤炭上燒製。基法琉璃珠有多種形狀，包括圓球狀、

菱形與三角形。至於顏色也有重要意義：例如藍珠子代表天堂、白珠子象徵純潔。遺憾的是琉璃珠工匠相繼去世又後繼無人，於1970年代宣告全面消亡，傳統工法因此失傳。幸好到了20世紀末，茅利塔尼亞的部分女性著手復興傳統工藝，重新學習製作基法琉璃珠，這項獨特藝術才得以復甦。

揮別舊年

歲末年終時，哥倫比亞郊區的人民會製作舊年玩偶。（右圖）**這種真人尺寸的填充玩偶不僅身穿舊衣，還蘊含深刻意義**：製作玩偶的人想讓「過去留在過去」、展望未來。有時候還會為玩偶配上小標語。到了跨年夜就把玩偶燒毀，代表過去一年想遺忘的往事都灰飛煙滅、隨風飄散啦！

微妙藝術

　　街頭藝術向來爭議不斷。畢竟某些人眼中的藝術傑作，其他人看來可能只是隨意塗鴉。

　　人類史上最早的「隨手亂畫」的作品位於土耳其境內的大城以弗所，代表酒、女性與腳的圖案象徵就直接刻在鋪路石上，帶點宣傳廣告性質，指引路人前往消費。

　　從在鋪路石首度現身後，**現代塗鴉（或稱街頭藝術）持續蓬勃發展**：

- **德國柏林（下圖）**：1989～1961年，柏林圍牆把市區一分為二，因此牆面也成為政治塗鴉的畫布（至少自由民主的西德一側可以塗鴉）。如今圍牆早已不在，於是街頭藝術就在柏林市區遍地開花！
- **哥倫比亞波哥大**：街頭藝術在此區存在許久，但2011年當局射殺名叫迪亞哥・菲力裴・波賽拉的街頭藝術家，從此引爆一連串抗議性質的藝術革命運動，方興未艾。
- **南非開普敦**：1994年種族隔離政策走入歷史後，街頭藝術在開普敦市區大放異彩、隨處可見。

數位饗宴

電動遊戲、應用程式與其他數位娛樂雖然是近年產物，沒有劇場的悠久歷史，文化內涵也沒有手工藝來得豐富，但世界各地都有人為之瘋狂！

末日英雌

「CableTV.com」同業公會曾針對許多國家研究調查，分析出最受歡迎的前幾大電動遊戲。以下就是綜合各國投票數後排名前三的遊戲：

- 足球主題遊戲**《國際足盟大賽17》全球人氣最高**，在15個熱愛足球的國家中都拿下冠軍，包括孟加拉、埃及、迦納、愛爾蘭、奈及利亞與烏拉圭。
- 以第一次世界大戰為背景的**《戰地風雲1》**緊追在後，取得13個國家的冠軍，包括克羅埃西亞、挪威、瑞典與土耳其。出乎意料的是：沙烏地阿拉伯人也最愛這款。因為一戰跟阿拉伯革命的時空背景重疊，也許是懷舊情懷作祟吧！
- 季軍是**《地平線：黎明時分》**。勇氣過人的女主角必須在末日後的世界奮勇求生，抵抗機器恐龍殺手，這麼精彩的故事設定當然高人氣囉！在10個國家拿下第一，包括：澳洲、德國、日本與南非。

全面禁止

基於宗教因素，沙烏地阿拉伯國內全面禁止《精靈寶可夢》相關產品。

部分原因來自沙烏地阿拉伯人看待寶可夢世界的角度，他們認為**遊戲設定帶有賭博元素**。其次是遊戲中的幾何圖案，無論是紙卡與數位版卡片皆引起爭議。在沙國最高宗教領袖的眼中，有些圖案「採六芒星設計，象徵國際猶太復國主義與以色列」。還不只這些喔！其他圖案還被解讀成「十字形代表基督教，三角形暗指共濟會，還有日本神道教的象徵」（《精靈寶可夢》創作者表示，遊戲裡根本沒有任何宗教圖案）！

饒舌行不行

中國人很迷實境競賽類節目，橋段設計類似《美國好聲音》。**但比賽主題不是流行音樂，而是饒舌**，例如大受歡迎的《中國有嘻哈》。《中國有嘻哈》的最大看點和一般才藝競賽節目相似，每集都會設定挑戰項目（例如自由發揮或饒舌對戰），競賽者會和導師合作呈現最精湛演出。每集結尾會刷掉表現最不出色的參賽者。《中國有嘻哈》最獨特之處就是不採傳統電視轉播，只能利用「愛奇藝」串流服務（就是中國自產的「網飛」）線上收看。僅限於網路播出的《中國有嘻哈》製作規模不容小覷！節目第1季預算高達9億新台幣，觀看次數衝到25億。

歷史傷痛

由於納粹的歷史在德國留下深刻傷痕，過去曾有很長一段時間德國全面禁止納粹圖像，且種類不拘。例如：電玩《德軍總部》**以第二次世界大戰為背景**，而納粹顯然就是二戰的大反派，但為了在德國上架販售，《德軍總部》經過大幅修正，例如：德國版希特勒角色就少了招牌鬍子！

2018年德國對納粹相關圖像的禁令鬆綁。在此之後德國當局重新檢視、個別審查以二戰為主題的電玩。對於進口的電動遊戲，德國也會比照電影審查制度，用相同標準進行審核。

正規運動比賽可追溯至古希臘時期。古希臘人進行「**經典賽事**」的同時也會舉辦多場慶典。

古人從事的運動包括**角力**，它也是《聖經》裡唯一提到的運動。此外古代中國人發明了「蹴鞠」，經演變就成為現代足球啦！

運動賽事

自從**古希臘人**開始從事正規運動後，運動歷經長久演變早已變得更豐富多元。現代運動賽事和休閒活動五花八門，滿足不同喜好。就算喜歡跟朋友爭奪**無頭羊**也辦得到喔！

非洲只有少數國家立法宣布國民運動，納米比亞就是其中一國。由於納米比亞實在太熱愛運動，進而宣布3種體育項目並列為國民運動：**足球、七人制橄欖球與籃網球！**籃網球跟籃球很相似，比賽時兩個半場都設有立在竿子上的籃網。

全國熱愛

國民運動象徵每個國家獨特的自我認同。有些國家格外看重國民運動，還特別立法「冊封」特定運動喔！

我的羊呢？

中亞地區生存條件相當嚴苛，因此發展出殘酷又危險的運動也不意外。阿富汗有「布茲卡辛」（Buzkashi，下圖），吉爾吉斯則有類似的「寇克布魯」（Kok boru）。雖然它們都類似馬球，但在這兩種比賽中，馬不僅跑得更快，比賽方式也很像激烈版的冰上曲棍球。順帶一提：比賽時根本沒有球，**參賽者追逐的球是一頭死羊！**

比賽前會先宰殺一隻羊，然後切掉羊的頭和蹄。接著兩隊就會騎馬比賽看誰能把地上的羊撿起來。想提起死羊可不輕鬆呢！羊屍可能重達36公斤，而且撿起來後還得丟向球門（寇克布魯的規則），或帶著羊屍騎馬跑過特定賽道（布茲卡辛的規則）。其他坐在馬背的參賽者還會試圖搶羊屍。這種激烈無比的「搶羊賽」可能還會導致參賽者摔傷，脫臼或內傷也是家常便飯。

炸出歡樂

哥倫比亞人為工作勞累一整天後，最喜歡玩輕鬆的「泰吼（Tejo）」投擲調劑身心。**泰吼投擲有點類似馬蹄鐵遊戲，但多了爆破元素。**

遊戲規則是由玩家擲出圓形的泰吼石頭（右圖），試圖丟進裝有泥土的方塊裡。泥土裡塞著叫「波辛（Bocin）」的準心，丟得最靠近波辛的人就獲勝。但還沒完喔！波辛四周圍繞著一些叫「梅洽（Mecha）」的小三角形，裡面塞著火藥。人們會在第一時刻知道你命中梅洽：因為梅洽會像鞭炮一樣馬上爆炸！如果避開梅洽丟中準心，則會多得一分，但就是少了點刺激啦！

抓到你囉

　　孟加拉的國民運動叫「卡巴迪」（Kabaddi，右圖），**很類似小孩玩的「鬼抓人」遊戲，只是過程激烈且規則也複雜許多。**卡巴迪（在孟加拉也稱為哈督督 Ha-du-du），由兩組隊伍在長方形球場內對戰。其中一隊派出「襲擊者」到對方半場進攻，襲擊者會在被防守者制服前觸及防守方的隊員，愈多人愈好，觸及後如果能避開對手攔截、順利回到自己的半場就算得分。襲擊者在整個進攻過程中要屏住呼吸，並不斷喊著「卡巴迪、卡巴迪」證明沒有偷換氣，所以攻擊只在屏氣一瞬間！

　　卡巴迪源自印度，而且至今也廣受印度人歡迎。至於其他國家如巴基斯坦、伊朗、馬來西亞、日本、南韓、泰國與英國也有卡巴迪隊伍。南亞地區的電視會轉播卡巴迪比賽，而且規格比照一般商業化的職業運動，不僅有企業贊助，還搭配評論員的熱情解說喔！

揮出歡樂

某些運動因為廣受歡迎而成為「國民休閒活動」，但羅馬尼亞的情況有點不同。官方為了保存「歐涅」（Oină）擊球運動（左下圖），將它宣告為國民運動。該擊球遊戲可追溯至14世紀，而政府深怕孩童不想再玩，於是在2014年宣布為國民運動。歐涅有點類似棒球，各有11人的兩支隊伍輪流上場揮棒。事實上也有人認為棒球就是源自歐涅，過去羅馬尼亞人移民至美國時順便「出口」到美國。這令相信「美國人阿布納・道布爾迪發明棒球」此一說法的球迷難以接受，不過羅馬尼亞首都布加勒斯特的居民當然都相信啦！

傳統運動

職業賽事必須靠創新來提升比賽表現，例如穿戴最新運動衣或高科技裝備等等。傳統運動就截然不同，不僅數百年來從未改變過，很多人也樂見保持原樣！

騎馬角力

吉爾吉斯擅長騎馬的遊牧民族發明了「厄恩須」（Er Enish）騎馬角力運動（右圖）。規則很簡單，但想贏可能很辛苦喔！兩位參賽者分別騎馬在競技場內對戰，誰先把對方拉下馬就是贏家。

驚人奇景

印度喀拉拉邦每年都吸引許多運動迷聚集欣賞「瓦拉姆卡利」（Vallam Kali），也就是知名的**印度蛇舟賽**（下圖）。這種競速獨木舟依據傳統的軍用船隻，有兩種尺寸：一種可坐64名划船手；另一種則設計能滿載128名划船手的超大空間，還能讓他們同時划水喔！650多年前蛇舟便已存在，如今還保留原版的簡單設計與製作工法。喀拉拉邦舉辦多場不同類型的蛇舟賽，最有名的大概就是尼赫魯金盃賽，自從1954年於普納馬達湖開賽以來，年年都在湖面盛大開划喔！

豪擲巨木

壯觀的蘇格蘭拋桿賽（右圖）與當地高地歷史淵源甚深。所謂「桿」其實是大型細長木頭，長約5公尺，重達68公斤。雖然沒有官方認定的標準尺寸，但關鍵就是「大」：等於三個小孩玩人體金字塔一般又高又重。

參賽者必須把桿抱住並朝天立起，奮力把桿拋起讓桿子在空中打轉，以便讓**桿子著地時能頭尾顛倒垂直落地**。得分則交由評審決定，丟愈準讓桿子頭尾顛倒且落地後與地面之間愈接近直角，分數就愈高。至於參賽者穿的蘇格蘭裙品質與分數無關，但最好還是穿上再丟，來蘇格蘭就入境隨俗吧！

為芋而跳

萬那杜共和國位於澳洲東方與紐西蘭北方，國土由80個小島組成。彭特科斯特島的島民有個「不怕死」的儀式叫陸地蹦極（左圖）。彈跳者會從30公尺高的基台一躍而下，**只靠雙腳腳踝綁著的藤蔓充當安全繩。**雖然令許多外來客躍躍欲試，但非本土島民不得參加。於是以此為參考，相同原理的高空彈跳應運而生啦！但對彭特科斯特島居民而言，陸地蹦極可不是為了追尋刺激或噱頭而辦，一年一度的儀式自有神聖意義：慶祝山芋盛產。

運動新知

賽駱駝在中東地區很流行，在蒙古與澳洲也大受歡迎。受過精良訓練的駱駝，衝刺時跑速高達時速65公里。阿曼和卡達等波斯灣沿岸國家會強迫小孩當騎師，因為小孩體重比成人輕，駱駝就可以跑得更快。

「瘋狂燙衣」的運動自1980年代起在英格蘭地區興起。參賽者挑戰在最奇特的地點燙出比對手更平整的衣服，例如：高速公路上、瀑布頂端、邊划獨木舟邊燙，甚至還有水底燙衣喔！

泰拳（下圖）有時稱為「八臂拳」，因為拳擊手除了出拳，還會利用肘、膝、腿等四肢上8個部位攻擊對手。

最優秀獎

大多數人都渴望拿下某領域的冠軍。但有些奇怪競賽令人不禁想問：求勝動機從哪來？

不「陷」於此

酸性沼地屬於溼地地形，主要由雨水、泥土與泥炭（植物於土壤分解後的殘餘物）組成。只要水分夠多，酸性沼地多多少少可以讓人游泳。但你大概會想：哪有人想在裡面游泳？

但是，真的有人願意喔！在英國威爾斯的蘭爾提德韋爾斯小鎮，年年舉辦**酸性沼地浮潛世錦賽**。參賽者必須來回游過55公尺長的泥炭沼地。蘭爾提德韋爾斯也舉辦酸性沼地浮潛鐵人三項（先跑步再浮潛，然後騎越野單車橫越沼地）。此外，連愛爾蘭、澳洲與瑞典等地也有酸性沼地浮潛賽。

奪桿大戰

日本的國防大學軍校生奪桿賽（Bo-taoshi，下圖）非常瘋狂，**過程類似搶旗賽，但想奪冠可能得先踩在別人的頭上。**

參賽兩隊各由約莫150人組成，每隊共同支撐一根高高的桿子，誰先把對方的桿子弄倒就贏得比賽。每隊會將組員分成兩半：一半防守桿子，一半「攻擊」敵隊桿子。比賽開始後現場立刻出現**兩座人體金字塔，大家猛力衝撞、爭先恐後爬到別人身上，甚至一躍跳過別人的背，只是為了把對方的桿子弄倒！**

蟑螂賽跑

1982年某個晚上，兩個男人在澳洲布里斯本的史多利橋飯店酒吧發生爭執。這不是什麼稀奇的事，可是這次爭執催生出新的運動賽事。由於兩人對「誰住的區域蟑螂爬得最快」爭執不休，最後他們乾脆去停車場來場「賽蟑螂」解決紛爭。從此每年澳洲日都會舉辦「賽蟑螂世錦賽」，而且這項傳統延續將近40年之久。**大家可從家裡抓隻蟑螂參賽，或者跟酒吧買「蟑螂選手」也行。**雖然蟑螂備受世人厭惡，但比賽進行中牠們短暫地成為矚目焦點啦！

駱駝摔角

無論是日本相撲，或者是誇張的世界摔角聯盟，摔角類競賽在全球都有高人氣。但土耳其摔角絕對獨一無二：不是人跟人對戰，而是讓駱駝攻擊彼此！

駱駝摔角（下圖）僅限在駱駝交配的季節舉辦，因為此時公駱駝的攻擊性是一年當中最強。駱駝摔角節每年在土耳其塞爾丘克盛大登場，賽季為期3個月，吸引約2萬名遊客共襄盛舉。每場比賽由兩隻駱駝對決，嘗試把對方絆倒或推倒，直到牠放棄掙扎！贏的駱駝就往上晉級並迎戰新的對手，直到奪冠為止。動物權利擁護者指責這是對動物的不當剝削，但駱駝摔角已存在2,500年之久，短時間內還是會延續下去。

尋樂之道

有些人找樂子的方式很特殊，也許會讓你退避三舍。不過要是能認同箇中趣味，獨樂樂不如眾樂樂！以下是幾項怪得有趣的休閒活動，喜歡的話就列進死前必做清單中吧！

捏土冥想

日本人有個稱不上全球最怪的嗜好，但應該也能排得上前10怪：傳統技藝「**拋光泥球**」（右圖）。這項嗜好需要耐心與沉著，首先得握著泥土慢慢捏圓雕琢，直到成品光滑得有如撞球，當然也得耗費超多時間才辦得到！說到泥土，可能很多人都會想到棕色的土壤，但其實不一定。因為成分不同，彩虹的任一顏色都有可能出現在不同類型的土壤雕出的成品上。

死神牢籠

如果可愛寵物型動物園對你來說太幼稚，或者覺得跟海豚游泳一點也不有趣，那麼，澳洲北領地的達爾文是蠻適合你的地方！達爾文鱷魚灣動物園既是水族館也有爬蟲類展示區，還有獨步全球的**死亡之籠**，讓你體驗什麼叫「鱷魚水中伴」。

首先，請爬進透明箱子，然後你就會連人帶箱被放入養著大型河口鱷的池子裡。飼育員會在你身處水中時餵食鱷魚，此時你跟動物界最兇悍的殺手只相隔幾公分厚的壓克力，記得表現得開心親切點喔！

巧手出菜

美國農業地區的州際博覽會時常展示奶油雕塑（右圖），巧奪天工令人驚豔。**美國愛荷華州博覽會的傳統母牛雕塑相當壯觀，高約1.7公尺且重達272公斤。**

最早的奶油雕塑出現在文藝復興時期的北歐。西元1536年，名廚巴托洛米奧·斯卡皮曾為教宗聖庇護五世獻上包含九道菜的「食雕」盛宴，這些精緻雕塑重現許多希臘神話場景，例如大力士海克力斯與尼米亞獅的經典對戰。甜點則是用翻糖製作，直接端出羅馬神話中的月亮女神黛安娜！

兔跳大賽

瑞典人在1970年代發明了兔子障礙賽。想像馬術比賽中騎師跳過層層關卡的大場面，而兔子障礙賽是縮小後的「迷你版」！首屆全國**兔子障礙賽**於1987年在瑞典舉行，不久之後許多北歐國家也跟進舉辦。如今兔子障礙賽協會與賽事已遍布歐洲、北美與澳洲等地。

依據給兔子跳躍的障礙物高度，分成了5個等級，從最矮的迷你級（20公分）到最高的菁英級（50公分）。另外，也有考驗兔子靈活度的比賽，讓兔子克服輪胎與翹翹板的層層阻礙。如果你想吐槽：「天竺鼠不也辦得到？」別擔心！世界上真的有天竺鼠靈敏度大賽。

驚人壯舉

不管是獨力完成驚奇創舉，或是數千人同時做某件事，瘋狂的運動界少不了值得津津樂道的奇人軼事！

強壯如山

你覺得自己有多強壯？世界上鮮少有人比得過冰島的「強者」：哈弗波·朱利爾斯·比昂森（左圖）。他在2015年創下世界紀錄，獨自扛起巨木成功走了5步。聽起來很普通嗎？**這根巨木重達650公斤，比昂森先生完成挑戰後，還得靠50人合力才能移走木頭。**比昂森先生走的這5步意義非凡，打破了從維京人時代無人可破的千年紀錄。但真正讓比昂森先生聲名大噪的是他曾客串演出美劇《權力遊戲》，扮演孔武有力的「魔山」，實至名歸啦！

果斷出手

籃球比賽大受歡迎的關鍵就是投籃計時鐘（即24秒內出手投籃）。自從1950年引進投籃計時鐘後，**籃球比賽更加緊張刺激，**兩隊都必須避免長時間持球，得不斷運球或傳球進攻。比賽的節奏飛快，也易於累積分數，即使是業餘賽也可能投入極高得分。例如1974年一位瑞典高中生在籃球賽締造個人單場最高得分紀錄，他是**年僅13歲的馬茲·威梅林，單場飆破272分！**

美國愛荷華州的丹妮絲·朗成功突破女子籃球員個人單場100分的天花板，在1968年的比賽獨得111分。在此之後她也成為首位被美國職籃選中的女性球員，於1969年加入舊金山勇士隊。至於職業賽事方面，名將威爾特·張伯倫在1962年對紐約尼克隊的比賽中，創下豪奪100分的傲人紀錄。

與豹同行

　　對職業運動員而言，只要能突破自我極限，任何事都值得一試。只跑傳統馬拉松豈不是太無趣，何不挑戰**超級馬拉松**？

　　超級馬拉松就是比傳統馬拉松耗時更長的比賽，但除了時間因素，也往往會在條件嚴苛的地點舉辦比賽。**例如撒哈拉沙漠馬拉松總長350公里，跑者還得面對摩洛哥沙漠區的煎熬。**在秘魯雲霧森林舉辦的叢林超級馬拉松海拔高達3,000公尺，跑者不僅要穿越叢林跑完230公里，全程還得越過山地與河流等不同地形，同時要祈禱自己運氣夠好，讓原生美洲豹放你一條生路！

祖國榮光

　　說到大型團體活動怎能不提北韓平壤的「輝煌祖國」運動會。（就當它是運動會吧！）這場大型體操盛會**動員超過10萬人同步演出**。比賽地點就在平壤中央的綾羅島北韓五一體育場，據說它也是全球最大的體育場。

　　活動主軸在「全球最巨大圖畫」的排字表演，由數千人同時翻動圖卡排出圖樣。至於持卡者從5歲就被選中接受訓練，經過許多年苦練才能在這場北韓自封的運動賽事中表演，通常他們都不知道自己還會擔任多久！

玩心不滅

不管活到多老，玩樂必不可少！

全球蹦跳

世界各地的學校操場、人行道與住宅區車道等，都能看到**小孩先丟個石子決定跳幾格，再跳去撿起石子的遊戲**。印度人稱這種跳房子遊戲為斯塔普（Stapu）或潘狄（Paandi），在敘利亞叫哈吉拉（Hajla），伊朗稱雷雷（laylay）。巴西叫阿瑪雷琳哈（Amarelinha），墨西哥稱貝貝雷切（Bebeleche），古巴說艾爾砰（El pon）。南韓說沙班其基（Sabancchigi），菲律賓說來玩皮克（Piko）。阿爾巴尼亞稱拉撒維遊戲（Rrasavi），羅馬尼亞是索創恩（Şotron）。遊戲的格子設計因地而異，每個地方的玩法也略有差異，但同樣牽起全球孩童的心！

捕龍抓尾

中國有項趣味遊戲叫「**1、2、3，龍！抓住龍**」或類似稱呼。遊戲規則相當好理解。所有小孩排成一列，每個人的手搭在前一個人的肩膀上，最前面一人當龍頭，必須去抓最後一人（龍尾），但沒想像中簡單。中間的龍身不可斷開，中間的人手必須固定放在前一人肩膀上。有點像康加舞行列加上鬼抓人的綜合版！

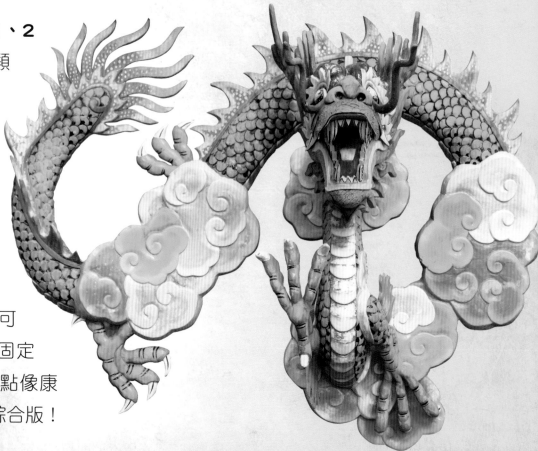

公雞大戰

巴西小孩喜歡玩一種名為公雞大戰的遊戲，有時觀看的人還比下場玩的人更開心，就看你覺得跳來跳去好不好笑囉！這個遊戲由兩個人下場玩，每個人在褲子背後的口袋塞條手帕，也可用其他衣物代替手帕。兩人的右手手臂都必須放在胸前，確保過程中雙方都不會用到右手。於是兩名玩家就只剩左手可以「攻擊」，誰先搶走對方的手帕誰就贏！也許聽起來不難，但還有個規則：**全程只能單腳跳！**一旦兩隻腳都在踩在地面上就算輸。巴西人一喊出「um, dois, três……lutam！」（葡萄牙語，「各就各位，開始」）一起提起精神搶手帕吧！

滑板民族

有位澳洲人叫奧利佛・佩科維奇，他曾到女友工作的阿富汗喀布爾探望。他啟程前順手打包了滑板一起帶去。當地小孩看到滑板時都大開眼界，紛紛要求奧利佛教他們玩。特別是小女孩們也想擁有自己的滑板，興趣高昂。這次經驗讓奧利佛決心創辦**非營利性質的「斯克特史坦」滑板學校推廣滑板運動**，也藉此建立社群並提供教育機會。現在阿富汗小女孩最喜愛的運動就是滑板！

純粹趣味

對很多人而言，戶外運動樂趣無窮，但桌上型遊戲也很豐富好玩！

聲名遠「播」

播棋是相當經典的遊戲，又稱「投小石」。**播棋的原文「Mancala」是阿拉伯語「移動」或「轉移」之意。**播棋棋盤是特別雕刻過的木板（右圖）。由兩名玩家輪流移動棋盤上的石頭，通常目的就是把對手的石頭都拿下。在世界各地都可看到播棋的身影，包括迦納、烏干達、菲律賓、阿曼與印度等國。規則在各地則略有不同。

西洋棋加撞球

源自東南亞的高人氣桌遊「彈戲」（Carrom，也稱鬥球盤，右圖），已風行全世界。遊戲設計結合了西洋棋（有很多代表「兵」的棋與1個「皇后」棋）與撞球（目標就是把棋子撞入角落的球袋）。由於彈戲超受歡迎，甚至還有巡迴賽與職業彈戲玩家喔！國際彈戲聯盟於1988年成立，總部設在馬爾地夫，會員國包括印度、巴基斯坦、馬來西亞、斯里蘭卡、韓國、日本、德國、瑞士、捷克、波蘭、法國、英國與美國。

非洲跳棋

賴比瑞亞人稱傳統棋藝為「奎賀」（Queah，又稱賴比瑞亞跳棋），以紀念發明遊戲的奎賀族。玩法很類似西洋跳棋（右圖），只是棋盤比較小，且盤面是菱格紋而非傳統方格子。取勝方式跟跳棋相同，**在棋盤上移動自己的棋子並試圖跳過對手的棋子**，成功跳過便可吃掉對手的棋子。西非地區也有很多類似跳棋的遊戲，例如西非跳棋與甘比亞跳棋，而且這些跳棋的取勝方式都相同，盡力移動自己的棋把對手的棋吃掉就對啦！

「圍」城之戰

現存最古老桌遊就是圍棋（右圖），現代人仍不時以圍棋當消遣。**中國人在2,000年前發明了圍棋。** 下棋時交戰雙方各執黑白其中一色的棋子，輪流出手把棋放在長寬皆為48公分的棋盤上。只要掌控大局，把對手的棋包圍吃掉就能取勝。雖然圍棋最盛行於亞洲，但國際圍棋聯盟有多達75個會員國，證明圍棋魅力無遠弗屆。像是在2018年10月，瓜地馬拉的安提瓜舉辦了第2屆拉丁美洲圍棋大會。

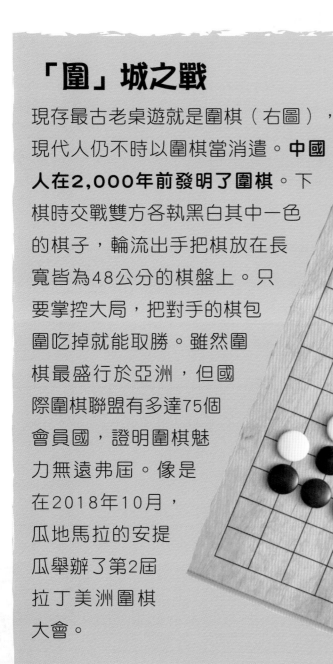

交通運輸

也許人們都沒感覺，但**長期以來我們生存的世界正逐漸縮小**。在美國紐約享用晚餐，隔天就出現在英國倫敦吃早餐，這對現代人來說輕而易舉。數位通訊也讓世界感覺更小，彼此連結更為緊密。

古希臘時期有位士兵叫菲迪皮德斯，他想將對抗波斯一役大獲全勝的消息告訴雅典盟友。於是他從**馬拉松**戰場出發，跑完42.2公里才通知到對方。這就是現代運動馬拉松一詞的由來。

克里斯多福‧哥倫布（右圖）橫渡大西洋發現美洲新大陸，當時他單趟航程就耗費超過2個月。

全球每年製作超過**7,000**萬台車。

四處奔波

人類最初但也是最可靠的移動方式就是走路，至今仍是如此。但自從西元前4000年，馬被馴服當成座騎後，人類持續尋找更棒的代步工具，還出現頗為奇特的移動方式！

多功能巴士

結合廣播電台、移動藝術館與死亡陷阱的交通工具是什麼？歡迎認識肯亞奈洛比的馬塔圖迷你巴士（Matatus）。

車身滿是塗鴉、色彩繽紛的「馬塔圖」是當地市區巴士，儘管裝飾華麗，行駛起來卻完全不守交通規則。惡名昭彰的馬塔圖司機玩命駕駛，根本就是其他用路人的夢魘！而且為了招攬顧客，司機常把音樂放得很大聲吸引注意，甚至有的駕駛開車時根本沒坐著，半個人就晾在車身外。雖然肯亞當局希望立法規範或乾脆禁止馬塔圖，但效果不佳。奈洛比年輕人還是很愛這種巴士，即使音樂吵鬧、搭乘等同賭命、駕駛技術奇差讓人骨頭快散掉！

呼朋引伴

菲律賓民答那峨島的哈伯摩托車（Habal-habal）非常貼心，因為它直接在車身兩側上加裝板子，這樣就可「多人共乘」啦！因為民答那峨島有許多條車子無法通行的道路，使得哈伯摩托車這種兩輪式交通工具大受歡迎。當地人不僅出入靠它，送貨去市場也得騎車，甚至在緊要關頭還能充當救護車。

由於哈伯摩托車的安全性疑慮，因此在菲律賓屬於非法交通工具。騎乘時的平衡感很重要，因為沒有防護，若機車騎士失去控制，幾乎都會受重傷。不過由於兩輪式交通工具靈巧又能載人（多載隻乘客的雞也沒問題）！即使違法也還是人氣不減。

懼高症禁飛

若想去哥斯大黎加體驗高空滑索（上圖），出發前最好先克服懼高症！ 叢林高空飛索始於1990年代，當時科學家為了研究哥斯大黎加雨林區的頂層林冠，發明了這種觀察方式。如今哥斯大黎加的境內多處都有高空飛索，讓遊客飛越塔馬林多區猴子叢林、蒙特祖瑪瀑布，甚至阿雷納爾火山！不過得穿合適鞋子再體驗滑索，絕對不可穿夾腳拖。

坐趟「椰子」

美國紐約計程車的顏色是黃色，英國倫敦計程車則是黑色，但古巴可有「椰子計程車」！

椰子計程車（下圖）是以汽油為動力的輕型機車改裝，後座可坐3名乘客，車身就是巨大的殼，看起來就像一顆椰子在動！

1990年代古巴首都哈瓦那開始出現椰子計程車到處跑，服務愈來愈多的觀光客。如今則有兩種風味的椰子計程車：鮮黃色乘載外國觀光客，深藍色則是載古巴人。

車子二三事

全球擁有最多車的國家就是中國。 但如果要比每人平均擁有車輛數，冠軍則是小國聖馬利諾，平均每1,000人就有超過1,260輛車！

有兩國同時並列每人平均擁有車輛數最少的國家： 西非沿海的離島小國「多哥」與「聖多美普林西比」。兩國人民平均每1,000人只擁有2輛車。

三輪車 有時稱為嘟嘟車，在印度與某些國家都是重要交通工具。

造橋鋪路

想到達目的地嗎？得先有路才可成「行」！

死神公路

根據美洲開發銀行研究顯示，**玻利維亞的永加斯路（右圖）是全世界最危險的公路。** 被暱稱為「死亡之路」的永加斯路位於610公尺的懸崖上，只有1條完全沒有護欄的車道，這個地區還時常起霧。每年有200至300人喪命永加斯路，死因多半是小客車或巴士墜入下方雨林溝壑。要是你正打算前往玻利維亞首都拉巴斯，看到這你也許會自問：「我真的有那麼想去嗎？」

磁力威能

電影《黑豹》中，虛構的非洲國家瓦干達，有一種利用汎金屬供電的高鐵，這是電影製作團隊從現實生活的磁浮列車（下圖）獲得的靈感。磁浮是磁懸浮的簡稱，也許聽來像魔法，但其實只是根據科學原理。磁力替代了輪子與其他移動零件，讓高速列車飄浮在軌道上空，因此可在不受摩擦力影響下飛快行駛。

2016年**日本的某實驗型磁浮列車創下時速603公里的紀錄**，等於每10秒就移動約1.6公里！不過這種超高速磁浮列車得到2027年才開放載客。目前全球時速最快的磁浮列車位於中國上海，以每小時431公里速度把上海機場的入境旅客迅速載到市中心。

橋接何方

挪威境內有許多水道，因此橋的數量也不在話下，其中最有特色的就是斯托爾桑德特大橋（右圖）。這座連接阿沃島的大橋本身的建築結構很普通，長260公尺、高23公尺。但開上這座橋的體驗絕對獨一無二。開車上橋後，隨著地形特殊視角改變，看著前方會覺得橋好像從中斷掉！雖然是視覺錯覺，卻多少讓人不安。當地人稱斯托爾桑德特大橋為「醉橋」，因為路線確實彎彎曲曲，但其實挪威人也懷疑是建築師畫設計圖時喝醉了，才造出這麼詭異的橋！

不容大意

中國太行山區有個小聚落叫郭亮村，位於河南省偏遠地帶，多年來村民不斷央求政府開路通行。由於遲遲等不到政府動工，**郭亮村的村民乾脆親力親為**，僅靠手工具挖出隧道，打通村落邊界的懸崖（下圖）。過程中完全沒有專業工程師參與，只有村中徒手開挖的業餘人士，也有村民不幸喪命於此。

如今這條隧道成為超驚人卻也相當危險的山路。由於村民在山壁上鑿出很多洞，乘客透過這些「窗」可沿途欣賞太行山風景。不過路線蜿蜒又狹窄，請小心駕駛。這條路也叫「絕壁長廊」（或稱掛壁公路），**暗示著「不容犯錯，否則喪命」**！

孤絕祕境

無論現代科技讓交通變得多便捷，
世界上還是有些幾乎難以抵達的地點！

有翅難飛

俄羅斯西伯利亞地區的奧伊米亞康村（右圖）被稱之為
「世上最冷城鎮」，對當地人而言氣溫低於零度是家常便飯，
均溫為攝氏負29度。因此大多數的房子都沒有水管供水，畢竟
水管一定會結冰！

理想狀況下，飛機仍可起落在奧伊米亞康村，**但只要天氣太冷就
無法飛行：飛機燃油於攝氏負40度便會達到冰點。**如果遇到這種狀況就只能開兩天
的車進出奧伊米亞康村。請切記車上要準備足夠汽油，一旦讓車子熄火幾分鐘電池
就會結凍，事態就相當嚴重了。

幫我蓋個章

復活節島（下圖）公認為**全球最與世隔
絕的地點之一**。除非是技巧高超的航海
家，否則大概只能從智利搭飛機去了！
因此護照上的出入境紀錄只會顯示你到
過南美洲智利，不會蓋上法屬玻里尼西
亞的復活節島入境章。復活節島上的
主街（Atamu Tekena）與教堂下街（Te
Pito o Te Henua）都設有郵局，可以到
此蓋章留念，郵務人員會很樂意在護照
上蓋個復活節島章。印章的圖案就是以
「復活節島巨石雕像」聞名全球的摩艾
巨石。

炸彈來襲

全球五大洲中最偏遠的地點非南極洲莫屬，而且想到達南極洲羅斯島的麥克默多站（右圖）更是難上加難！不但必須搭乘軍用飛機出入，飛機還得配備滑雪降落設備才能在冰面滑行。冰天雪地當中有座埃里伯斯火山，火山岩漿湖的溫度高達攝氏927度。偶爾埃里伯斯火山還會發射「岩漿炸彈」，熔岩碎塊噴飛，四處爆裂！

南極洲沒有永久居民。暖季時約有4,000名科學家駐紮在此工作，但冬天一到就只剩1,000人左右。曾有幾個新生兒在南極洲呱呱墜地，他們的國籍則依據新生兒父母國籍而定。

南極洲領土目前仍依1959年國際簽訂的《南極條約》治理，算是屬於每個國家（換個角度而言，也不屬於任何國家）。依據條約，南極洲的人類活動僅限於科學研究，且州境內不准許有任何武器。當然啦，岩漿炸彈是個例外！

隱世之蓮

墨脫縣（下圖）位於西藏東南地區。「墨脫」在藏語意味著「隱藏的蓮花」。過去很長一段時間以來，只能靠步行穿越喜馬拉雅山區才能抵達墨脫縣。**沒有實際通行的道路，因此居民們幾乎是隱居此地，真是地如其名，相當貼切！**1990年代中國政府開始規劃連接西藏波密縣與墨脫縣的「扎墨公路」，希望藉此讓墨脫縣現代化，這條公路直到2013年10月才終於完工。

有水行萬里

讓我們「隨波逐流」認識水路交通吧！

海面巨獸

　　超級油輪（超大型原油運輸船）是全球最大船艦，船上可儲存大量石油與天然氣。1979年超級油輪「諾克‧耐維斯號」建成，直到2009年才正式啟用。數年來諾克‧耐維斯號易手多次，曾更名為海上巨人號、快樂巨人號與亞勒維京號。其實它不僅是全球最大船艦，更是世上尺寸最大的人造移動工具。

　　提到載人船艦可不能忘了皇家加勒比國際遊輪公司，擁有三艘全球最大的載人船艦，分別為海洋綠洲號、海洋魅力號與海洋和悅號。這種巨型郵輪就像漂浮的大城市，可乘載多達6,000名旅客與2,000名船員喔！

極致紓壓

船在人類生活中存在已久，大家應該以為關於船的點子都開發差不多了吧！但挪威鬼才發明家暨雕塑家法蘭克‧布奧恩打破常規！他推出「熱水浴缸船」（右圖）讓人**邊航行邊泡澡**！熱水浴缸船可載8人，船內熱水可維持在舒適的攝氏38度，船身外有小型馬達供給動力，漂浮在冰冷水面也能悠閒泡澡！顯然布奧恩先生分秒都想待在水面，他的工作室就設在駁船上，停靠在荷蘭著名的港口城市鹿特丹。

苦命拆船工

國際船運仰賴超大型鋼殼船來運送貨物，以確保物流在全球暢行。這種鋼殼船經久耐用，但船體最終還是會磨損。印度、孟加拉（右圖）與中國海岸是大多數鋼殼船退役後的終點站。許多叫「拆船工」的低薪工人負責將船隻解體，把停在沙灘上的鋼殼船層層拆卸。拆船工拿噴燈並穿戴簡陋防護裝備就上陣，勞心勞力把船體拆解成廢金屬。某個孟加拉人受訪時表示，因為很多人想看「**如何徒手拆解大船**」，因此報廢船停靠的沙灘還曾是觀光景點。船體拆解過程相當危險，甚至時常有拆船工殞命。如今承接船體報廢業務的公司都很小心，盡可能確保沒閒雜人等觀看！

籃子船

印度的喀拉拉邦自然風景美不勝收，常被譽為「上帝的國度」。**喀拉拉邦的生活與水息息相關，海灘、運河與稻田都與水憂戚與共。**事實上喀拉拉邦的居民不僅住在水邊，許多人甚至住在水上。喀拉拉邦的船屋很知名，當地稱「凱杜瓦蘭」（Kettuvallam，下圖）。喀拉拉邦的水面上除了凱杜瓦蘭之外還有水面巴士，四處漂流把大家送往不同地點。

傳統的凱杜瓦蘭為木造船體，僅靠繩結固定而不用釘子。由於凱杜瓦蘭有圓弧狀的茅草屋頂，也被暱稱為「籃子船」。多數船屋都有幾個臥室、廚房與起居空間，甚至還有馬桶，奢華點的凱杜瓦蘭還會更寬敞喔！

交通規則

路上一堆車飆速搶路時，遵守交通規則就更顯重要，否則天下就要大亂啦！不過有些交通規則怪得有趣！

該左或右？

全球約三分之二的國家都靠右行駛，剩下的則靠左。**靠左的習慣源自英國傳統。過去英國人騎馬時會騎在道路左側的習慣**，這樣騎士就能騰空右手揮手，或是因應緊急狀況拔劍。今日，靠左行駛的國家多半都是前英屬領地，有些至今仍是英屬領地。

打滑風險

由於關島沒有天然砂土，路面均由磨碎的珊瑚礁混合柏油鋪成（下圖）。平時這種路面還堪用，但一下雨就完了：**路面頓時變成打滑地獄**。因此關島大多數路段的速限都壓低成時速56公里，只能說毫不意外。

「髒」車丟臉又棘手

提到奇怪駕駛規範很多人都會想到俄羅斯,因為政府居然規定車子太髒不可上路。實情則相當複雜,牽涉甚廣。

在俄羅斯,法律規定車牌過髒不能上路,這點倒是毫無疑問,因為在很多國家都是如此。但俄羅斯現在最大問題是,不肖員警橫行霸道!有些警察會以「違法**髒**車」為由當場開立罰單,或索賄逼民眾花錢消災!。

開車勿碰

大多數國家均針對酒後駕車立法規範,但日本的規定可能最嚴苛。喝酒開車得罰,還因「連坐罰」的關係,車內乘客就算沒喝酒也可能吃上高額罰單。雖然看似嚴刑峻法,但也符合邏輯:不該搭乘酒醉駕駛的車!

特殊快遞

古羅馬人首創「郵務」概念，當時稱為國家郵政驛站。從羅馬寄信到埃及城市亞歷山卓得花2個月。隨著文明發展，如今節省超多時間啦！

小國大業績

日本的郵務系統雖然不是全球規模最大，但日本郵政事業體是全球最大的金融機構。原因就是除了送信快遞業務，**日本郵政（右圖）還身兼銀行與保險公司多重身分**。2015年日本郵政公司在東京證交所上市時，市值高達新台幣3,600億，真是生財「郵」道！

寄信給上帝

　　每年都有上千封從以色列寄給「上帝」的信。畢竟以色列是基督教、猶太教與伊斯蘭教的共同聖地，請上帝選個地方收信，祂大概也會挑以色列囉！

　　「**寫信給上帝部門**」（不是開玩笑喔！真的有這個部門）的主管受訪時表示：「大多數的信件都很私密。我們曾收過某個丈夫在妻子過世後寫給上帝的信，祈求上帝讓妻子在夢中現身，讓他再看妻子一眼，他對亡妻的思念就是如此深刻！」每年這些信都會獲得宗教領袖賜福，然後放置於耶路撒冷的西牆（下圖；又名「哭牆」）。

凡塵之外

當您貼上郵票並寄出時，**郵票便開始了冒險之旅**，偶爾還劃破天際。在2015年，有一張郵票所達的最遠距離為5,250,843,896公里。該郵票於1991年發行，印有冥王星的插圖（左上圖）。它在2015年7月時登上「新視野號」飛船（右上圖），一起飛掠冥王星。目前新視野號仍朝著古伯帶飛去，同時是離開太陽系的第五艘飛船⋯⋯話說回來，只有它有附上郵資。

很抱歉，您的地區不適用

由於距離和費用，有些公司拒絕運送到紐西蘭。
紐西蘭郵政找到了解決此問題的方法——
YouShop服務應運而生。在YouShop上註冊的
紐西蘭人會獲得在英國或美國的郵政地址，
前者用於歐洲購物，後者適用北美。YouShop
服務會先在該地集運，然後轉運寄至紐西蘭的
地址。用戶仍然必須支付運輸費用，所費不貲。

聽得見嗎？

現在好像大家隨時都有話想說，電話科技也讓大家隨時「可說」

非洲通話

手機改變了全球人類生活方式，尤其對非洲人的影響最明顯。例如：奈及利亞於21世紀初約有10萬條電話線路，但現在**奈及利亞人擁有的手機總數已超過1億支！**南非、肯亞、盧安達與許多其他非洲國家也面臨相似狀況。

愈來愈多人使用手機的行動支付功能（透過電子錢包結帳）。農夫可用來交換天氣情報，還可找到出價最高的買家販售農產品。教師也可在課堂運用手機科技，畢竟在許多非洲國家用手機連網會比找到電腦上網更容易。難民營的收容者也用手機嘗試聯繫親屬。盧安達總統保羅・卡加梅曾說：「手機原本被視為有錢特權階級才可擁有的物品，在短短10年之間已成為一般非洲人生活必需品！」

小心呵護

全球最貴手機是史都華・休斯精心設計的第5代蘋果手機（iPhone5）。這支藝術品採用24K金打造，以600顆白鑽點綴，並用1顆罕見黑鑽取代首頁按鍵，最終**以新台幣4.59億賣給某位匿名中國企業家。**

防範偷拍

　　著迷科技產品的日本自然也是行動電話產業龍頭，手機在日語中稱為「携帶／Keitai」。不過出人意表的是：智慧型手機經歷很長一段時間才在日本普及化！

　　2016年左右，才有很多日本人捨棄掀蓋式手機（右圖），轉為使用智慧型手機。

　　但也許日本掀蓋式手機比大家想像的更精密喔！不僅可用來打電動，還能照相、看影片，並上網下單購買商品。日本手機大多防水，常有日本人直接拿手機進淋浴間或浴缸。而日本政府為了杜絕偷拍（日語，盜撮／Tousatsu），強制規定所有手機在照相時得響起快門警示音！

待機別掛

　　「待轉接音樂」是美國人艾爾福‧李維在1960年代初的傑作。打電話到公司行號等待轉接時，就會響起這類輕快但有點單調的旋律。某天李維先生效力的公司電線脫落，剛好脫落時接觸到了鋼製梁柱，碰巧讓附近某廣播電台的播放頻率轉到了公司電話中。這給了李維先生靈感，要是等轉接時能來點樂音，等候好像就沒那麼難熬啦！

話說手機

全球擁有自用手機的人數**已超越**擁有自用沖水馬桶的人數。

中國為使用智慧型手機人口最多的國家，總數超過7.82億。

英國有82%人擁有智慧型手機，比例之高傲視全球。

手機分離焦慮症指的是突然無法使用自己的手機，結合「沒有手機」與「恐懼」的英文單字。根據心理學家看法這種症狀不像真正的恐懼症，只能算是反常焦慮的徵兆。

手機收藏家史蒂芬‧波咖立住在斯洛伐克的多布西納，他把家中兩個房間當成私人「博物館」，收藏了約3,500台舊款手機。

挖掘更多趣味知識

我們生活的世界廣闊美麗又怪得有趣，本書只能呈現少部分值得學習的知識，如欲了解更多資訊，還有大千世界等著你喔！

實用書籍

「年鑑」是每年都會出版的參考用書籍，包括各種最新資訊、統計資料與各類知識，看過才發現原來這麼好用！地圖集也包含豐富資訊，但偏重分析地點。某些地圖集收錄數量可觀的地圖，某些地圖集收錄的地圖雖不多，但也是依據地理位置呈現資訊。像《金氏世界紀錄大全》等每年更新的紀錄型書籍則呈現全球之最，例如誰最頂尖、最快、最老與最大等等。以下舉例幾本書，希望能滿足各位的求知慾！

Atlas Obscura. New York: Workman Publishing, 2016.

Guinness World Records. New York: Macmillan, annual.

National Geographic Almanac: Hot New Science. Washington, DC: National Geographic Partners, annual.

National Geographic Kids Almanac. Washington DC: National Geographic Partners, annual.

Now I Know! The Revealing Stories Behind the World's Most Interesting Facts. Avon, MA: Adams Media, 2013.

The Old Farmer's Almanac. Dublin, NH: Yankee Publishing, annual.

Ripley's BelieveIt Or Not! New York: Simon & Schuster, annual. London: Random House, annual.

The Way Things Work Now. New York: Houghton Mifflin, 2016.

The World Almanac and Bookof Facts. New York: World Almanac Books, annual.

線上資源

上段列出了很棒的參考書籍，不過就別自欺欺人啦：大家還是想上網以更快速地取得資訊吧？其實大家常常忽略自家附近的圖書館，這些圖書館的網站是非常好的著手點，許多都有訂閱線上參考資料，只要有借書證都可免費瀏覽這些資料喔！

當然也少不了浩瀚的網路資源，但請小心使用！網路上實在太多誘騙點擊的不良網站。號稱「關於某主題的20項重點」卻內容貧乏，不僅沒有謹慎研究寫法也令人摸不著頭緒，有些甚至還提供錯誤資訊。雖然大家都還是會上網查資料，但別忘了適度質疑喔！資料只是上傳到網路，不代表出現在網頁即屬正確。

既然如此，就提供大家幾個相對可靠許多的網站：

Atlas Obscura. www.atlasobscura.com/

Encyclopaedia Britannica. www.britannica.com/

The Fact Site. www.thefactsite.com/

Funology: Trivia and Strange Facts. www.funology.com/trivia-and-strange-facts/

Lonely Planet. www.lonelyplanet.com/

National Geographic: Weird But True! http://kids.nationalgeographic.com/explore/adventure_pass/weird-but-true/

100 Interesting Factsabout Practically Everything. www.rd.com/culture/interesting-facts/

Scholarpedia. www.scholarpedia.org/artical/Main_Page

索引

照片來源

Front Cover: (central image) Art of Life/Shutterstock; (parrot) Passakorn Umpornmaha/Shutterstock; (Freedom Tower) William Perugini/Shutterstock; (cruise ship) NAN728/Shutterstock; (Statue of Liberty) Luciano Mortula - LGM/Shutterstock; (butterfly) Butterfly Hunter/Shutterstock; (ant) DrPAS/Thinkstock
Back Cover: (central image) sdecoret/Shutterstock; (pizza) danilsnegmb/Thinkstock; (desert sunset) tonda/Thinkstock; (cheetah) Saddako/Thinkstock; (Carnival reveler) filipefrazao/Thinkstock; (banknotes) Kenishirotie/Thinkstock

2–3: ideapixel/Shutterstock; 4–5: Bartosz Hadyniak/Getty; 8–9: ferrantraite/Getty; 9 (UP): RLRRLRLL/Shutterstock; 9 (LO): pandapaw/Shutterstock; 10 (UP): simonlong/Getty; 10 (LO): mariakraynova/Shutterstock; 11 (LE): Naufal MQ/Getty; 11 (RT): e X p o s e/Shutterstock; 12 (UP): Steve Allen/Getty; 12 (LO): hsagencia/shutterstock; 13 (UP LE): James P. Jeff J Daly/Alamy Stock Photo; 13 (UP RT): Galyna Andrushko/Shutterstock; 13 (LO LE): tobkatrina/Shutterstock; 13 (LO RT): Last Refuge/robertharding/Getty; 14 (LE): Trevor Kittelty/Shutterstock; 14 (RT): S-F/Shutterstock; 15 (UP): R Gombarik/Shutterstock; 15 (CT): Uwe Aranas/Shutterstock; 15 (LO): Maarten Zeehandelaar/Shutterstock; 16 (UP): Jiri Flogel/Shutterstock; 16 (LO): Pawan Kawan/Shutterstock; 17 (UP): Millenius/Shutterstock; 17 (LO): Derek Brumby/Shutterstock; 18 (UP): Charles Sturge/Alamy Stock Photo; 18 (CT): Patrick Foto/Shutterstock; 18 (LO): Cavan Images/Alamy Stock Photo; 19: Isa Foltin/Getty; 20 (UP): ManoAfrica/Getty; 20 (LO): LMspencer/Shutterstock; 21 (UP LE): Anestis Samourkasidis/Alamy Stock Photo; 21 (UP RT): Mega Pixel/Shutterstock; 21 (LO): AnnaGarmatiy/Shutterstock; 22 (UP): Richard J Ashcroft/Shutterstock; 22 (LO): Goran Bogicevic/Shutterstock; 23 (LE): bleex/Getty; 23 (RT): Juan Carlos Vindas/Getty; 24: Delbars/Shutterstock; 24–25: LightField Studios/Shutterstock; 25 (UP): Pyty/Shutterstock; 25 (LO): Gallinago_media/Shutterstock; 26 (UP): BlueOrange Studio/Shutterstock; 26 (CT): Nejron Photo/Shutterstock; 26 (LO): Martin Pelanek/Shutterstock; 27 (UP): Anna Om/Shutterstock; 27 (CT): Lisa Parsons/Shutterstock; 27 (LO): Seregraff/Shutterstock; 28 (UP): iana kauri/Shutterstock; 28 (CT): image jungle/Getty; 28 (LO): DrPas/Getty; 29 (LE): AbelBrata/Getty; 29 (RT): DE AGOSTINI PICTURE LIBRARY/Getty; 30 (UP): Have Camera Will Travel | Central & South America/Alamy Stock Photo; 30 (LO): saiko3p/Shutterstock; 31 (LE): RTimages/Shutterstock; 31 (RT): mauinow1/Getty; 32 (UP): Bachkova Natalia/Shutterstock; 32 (LO): Faviel_Raven/Shutterstock; 33 (LE): Hakbong Kwon/Alamy Stock Photo; 33 (RT): ultramarinfoto/Getty; 34 (UP): Alberto Loyo/Shutterstock; 34 (LO): Incomel/Getty; 35 (UP): StockdelD/Shutterstock; 35 (LO): 1001slide/Getty; 36 (UP): Tourism Ministry/Xinhua/Alamy Live News; 36 (CT): Karim Bouchetata/Alamy Stock Photo; 36 (LO): Alexey Belyaev/Shutterstock; 37 (UP): Ion George/Shutterstock; 37 (LO): Cathy Withers-Clarke/Shutterstock; 38 (UP): faak/Shutterstock; 38 (LO): imageBROKER/Alamy Stock Photo; 39 (UP): FG Trade/Getty; 39 (LO): GlebSStock/Shutterstock; 40: Brian Kenney/Shutterstock; 40–41: Janece Flippo/Shutterstock; 41 (UP): Globe Turner/Shutterstock; 41 (LO): Dima Moroz/Shutterstock; 42: Travel India/Alamy Stock Photo; 43 (UP): 3dfoto/Shutterstock; 43 (LO): Aisha Sylvester Shutterstock; 44 (LE): Paul Marriott/Alamy Stock Photo; 44 (RT): Rob Crandall/Alamy Stock Photo; 45 (UP): Classic Image/Alamy Stock Photo; 45 (LO): Tinxi/Shutterstock; 46 (UP): Niyazz/Shutterstock; 46 (LO): Hanasaki/Shutterstock; 47 (UP): NASA/Getty; 47 (LO): Agung Parameswara/Getty; 48 (UP): H. Mark Weidman Photography/Alamy Stock Photo; 48 (LO): Royal Geographical Society/Getty; 49 (LE): Benjamin Young/Alamy Stock Photo; 49 (RT): PRESS LAB/Shutterstock; 50 (LE): Fishy King/Shutterstock; 50 (RT): Vangert/Shutterstock; 51 (UP): Wolna/Shutterstock; 51 (LO): EQRoy/Shutterstock; 51 (RT): michaeljung/Shutterstock; 52 (UP): eakkasit90/Shutterstock; 52 (LO LE): Zabotnova Inna/Shutterstock; 52 (LO RT): Barry King/Getty; 53: Feng Yu/Getty; 54 (UP): Boguslaw Mazur/Shutterstock; 54 (LO): Chris Clor/Getty; 55 (UP): seroma72/Shutterstock; 55 (LO): Mehaniq/Shutterstock; 56 (LE): Jorge Fernandez/Alamy Stock Photo; 56 (RT): Michael Maslan/Contributor/Getty; 56–57: szefei/Shutterstock; 58 (UP): WENN Rights Ltd/Alamy Stock Photo; 58 (LO): Yiming Chen/Getty; 59 (UP): xavierarnau/Getty; 59 (LO): imageBROKER/Alamy Stock Photo; 60 (UP): Folio Images/Alamy Stock Photo; 60 (LO): jarnogz/Getty; 61 (LE): blickwinkel/Alamy Stock Photo; 61 (RT): Silvestre Garcia - IntuitivoFilms/Getty; 62 (UP): Minerva Studio/Shutterstock; 62 (LO): hadynyah/Getty; 63 (LE): Iakov Filimonov/Alamy Stock Photo; 63 (RT): Juanmonino/Getty; 64: Thanapon ch/Shutterstock; 65 (UP): Olga Danylenko/Shutterstock; 65 (LO): Romolo Tavani/Shutterstock; 66 (UP): Pete Saloutos/Alamy Stock Photo; 66 (LO): clumpner/Getty; 67 (UP): ARCTIC IMAGES/Alamy Stock Photo; 67 (LO): Pambudi Yoga Perdana/Shutterstock; 68 (UP): Pat Maguet/Shutterstock; 68 (LO): imagetico/Shutterstock; 69 (UP): imageBROKER/Alamy Stock Photo; 69 (LO): mrjo/Shutterstock; 70 (UP): Deco/Alamy Stock Photo; 70 (LO): robertharding/Alamy Stock Photo; 71 (UP): Bartosz Hadyniak/Getty; 71 (RT): Dani Simmonds/Alamy Stock Photo; 71 (LO): hadynyah/Getty; 72 (UP): HelloRF Zcool/Shutterstock; 72 (LO): asikkk/Getty; 73 (UP): Brenda Smith DVM/Shutterstock; 73 (LO): AndreaAstes/Getty; 74: Homo Cosmicos/Shutterstock; 74–75: KonstantinChristian/Shutterstock; 75 (UP): ivosar/Shutterstock; 75 (LO): Makistock/Shutterstock; 76 (UP): seirceil/Shutterstock; 76 (LO): Nikhil Gangavane/Alamy Stock Photo; 77 (UP): Tetra Images, LLC/Alamy Stock Photo; 77 (CT): Lopolo/Shutterstock; 77 (LO): Anders Ryman/Alamy Stock Photo; 78 (UP): Danita Delimont/Alamy Stock Photo; 78 (LO): Irene Abdou/Alamy Stock Photo; 79 (UP): Blaine Harrington III/Alamy Stock Photo; 79 (LO): Johner Images/Getty; 80 (UP): iordani/Shutterstock; 80 (LO): Ilya Rudzis/Shutterstock; 81: Alberto Loyo/Shutterstock; 82: Caiaimage/Trevor Adeline/Getty; 83 (UP): View Apart/Shutterstock; 83 (LO): Hinterhaus Productions/Getty; 83 (RT): Radu Bercan/Shutterstock; 84 (UP): Photo Spirit/Shutterstock; 84 (LO): joan gravell/Alamy Stock Photo; 85 (LE): KPG_Payless/Shutterstock; 85 (RT): n_defender/Shutterstock; 86 (UP): CroMary/Shutterstock; 86 (CT): Education Images/Getty; 86 (LO): Nikada/Getty; 87 (UP): Steve Outram/Alamy Stock Photo; 87 (LO): Massan/Shutterstock; 88 (UP): travelib culture/Alamy Stock Photo; 88 (LO): 7hanut/Shutterstock; 89 (UP): Religious Images/UIG/Getty; 89 (LO): Erika Goldring/Getty; 90–91: SantiPhotoSS/Shutterstock; 91 (UP): Park Ji Sun/Shutterstock; 91 (CT): Martin Prochazkacz/Shutterstock; 91 (LT): Stefano Buttafoco/Shutterstock; 92 (UP): TripDeeDee Photo/Shutterstock; 92 (LO): David South/Alamy Stock Photo; 93 (UP): LiudmylaSupynska/Getty; 93 (LO): She-Hulk/Shutterstock; 93 (RT): VanderWolf Images/Getty; 94 (UP): Luis Dafos/Alamy Stock Photo; 94 (LO): Stefano Paterna/Alamy Stock Photo; 95 (LE): clubfoto/Getty; 95 (UP): Penny Tweedie/Alamy Stock Photo; 95 (RT): Neil Farrin/Getty; 96 (UP): Dmitry V. Petrenko/Shutterstock; 96 (LO): DZarzycka/Getty; 97 (UP LE): Alissa Everett/Alamy Stock Photo; 97 (UP RT): Alissa Everett/Alamy Stock Photo; 97 (LO): Tom Williams/Getty; 98 (UP): Clemens Bilan/Getty; 98 (LO): incamerastock/Alamy Stock Photo; 99 (UP): Chris Clor/Getty; 99 (LO): NASA/Getty; 100 (UP): Partha Pal/Alamy Stock Photo; 100 (LO): Sean Gallup/Getty; 101 (UP): Mama Belle and the kids/Shutterstock; 101 (LO): Alamy; 102 (UP): Brendon Thorne/Getty; 102 (LO): Miriam Reik/Alamy Stock Photo; 103 (LE): Alvaro Puig/Shutterstock; 103 (RT): david sanger photography/Alamy Stock Photo; 104 (UP): Billion Photos/Shutterstock; 104 (LO): Pongsakorn Nualchavee/Shutterstock; 105 (LE): drbimages/Getty; 105 (RT): cagi/Shutterstock; 106: Oleg Elkov/Shutterstock; 106–107: Igor Plotnikov/Shutterstock; 107: Karaidel/Shutterstock; 108 (UP): Shootdiem/Shutterstock; 108 (LO): VadiCo/Shutterstock; 109 (UP): Dereje/Shutterstock; 109 (LO): Florin Gabriel/Shutterstock; 110 (UP): Nungning20/Shutterstock; 110 (LO): Dumitrescu Ciprian-Florin/shuttertock; 111 (UP): Marlene Rounds/Getty; 111 (LO): Stuart Dee/Getty; 112 (UP): Mint Images Ltd/Alamy Stock Photo; 112 (LO): Gestiafoto/Shutterstock; 113 (UP): Olgysha/Shutterstock; 113 (CT): Eric Isselee/Shutterstock; 113 (LO): jeep2499/Shutterstock; 114 (UP): Everything You Need/Shutterstock; 114 (LO): James Nesterwitz/Alamy Stock Photo; 115: Nadezhda V. Kulagina/Shutterstock; 116 (UP): Rawpixel.com/Shutterstock; 116 (LO): Nok Lek/Shutterstock; 117 (UP): M. Unal Ozmen/Shutterstock; 117 (LO): icosha/Shutterstock; 118 (UP): Phil Hill/Alamy Stock Photo; 118 (LO): urbanbuzz/Shutterstock; 119 (UP): Jasmin Merdan/Getty; 119 (CT): StockImageFactory.com/Shutterstock; 119 (LO): ERIC LAFFORGUE/Alamy Stock Photo; 120 (UP): Flavo Saru/Shutterstock; 120 (LO): SAOWALAK SINGHAPAN/Shutterstock; 121 (UP): Lotus Images/Shutterstock; 121 (CT): MThanaphum/Shutterstock; 121 (LO): Damian Tully/Alamy Stock Photo; 122: YAY Media AS/Alamy Stock Photo; 122–123: Melinda Nagy/Shutterstock; 123: tomertu/Shutterstock; 124 (UP): Pham Le Huong Son/Getty; 124 (LO): Godong/Getty; 125 (UP): Pixel-Shot/Shutterstock; 125 (CT): Kathy deWitt/Alamy Stock Photo; 125 (LO): Katiekk/Shutterstock; 126 (UP): Sagase48/Shutterstock; 126 (LO): AJP/Shutterstock; 127 (UP): Ioana Catalina E/Shutterstock; 127 (LO): Ellen Morgan/Alamy Stock Photo; 128 (UP): Keren Su/China Span/Alamy Stock Photo; 128 (LO): sahlan/Shutterstock; 129 (UP): Aptyp_koK/Shutterstock; 129 (CT): Adil Chelebiyev/Alamy Stock Photo; 129 (LO): mauritius images GmbH/Alamy Stock Photo; 130 (UP): Zoonar GmbH/Alamy Stock Photo; 130 (LO): windmoon/Shutterstock; 131 (UP): velirina/Shutterstock; 131 (LO): edwin remsberg/Getty; 132 (UP): Mahathir Mohd Yasin/Shutterstock; 132 (LO): Thomas Dressler/Getty; 133 (UP): ryosho/Shutterstock; 133 (LO): Lucy Brown-loca4motion/Shutterstock; 134 (UP): Rafael Ben-Ari/Alamy Stock Photo; 134 (LO): CrackerClips Stock Media/shutterstock; 135 (UP): blickwinkel/Alamy Stock Photo; 135 (CT): allanw/Shutterstock; 135 (LO): oscar garces/Shutterstock; 136 (UP): anek.soowannaphoom/Shutterstock; 136 (LO): ajt/Shutterstock; 137 (LE): Kha Ngo/EyeEm/Getty; 137 (RT): Patryk Kosmider/Shutterstock; 138: Andre Nery/Shutterstock; 138–139: Sangkhom Simma/Getty; 139 (UP): Imagesbazaar/Getty; 139 (LO): Jaws_73/Shutterstock; 140 (UP): Katrina Wittkamp/Getty; 140 (LO): Kichigin/Shutterstock; 141 (LE): Mike Flippo/Shutterstock; 141 (RT): Evening_T/Shutterstock; 142 (UP): Jonas Gratzer/LightRocket/Getty; 142 (LO): mark higgins/Shutterstock; 143 (UP): Werli Francois/Alamy Stock Photo; 143 (LO): Pongpachara Ratsameechand/Shutterstock; 144 (UP): Eric Lafforgue/Alamy Stock Photo; 144 (LO): Timothy Allen/Getty; 145 (UP): Bill Bachmann/Alamy Stock Photo; 145 (LO): Simon Rawles/Getty; 146 (UP): PhotoAlto/James Hardy/Getty; 146 (LO): Shoji Fujita/Getty; 147 (UP LE): SG Studio/Shutterstock; 147 (UP RT): Aurelie Marrier d'Unienville/Alamy Stock Photo; 147 (LO): Brandon Fike/Shutterstock; 148 (UP): Chad Ehlers/Getty; 148 (LO): Milkovasa/Shutterstock; 149 (LE): Emilie CHAIX/Getty; 149 (RT): Eric Isselee/Shutterstock; 150 (UP): baredbeast/Shutterstock; 150 (LO): Christian Kober/Getty; 151 (LE): Tom Gilks/Alamy Stock Photo; 151 (RT): Justin Sullivan/Staff/Getty; 152: Black Kings/Shutterstock; 152–153: View Apart/Shutterstock; 152–153 (UP): OSTILL is Franck Camhi/Shutterstock; 153: Nicoleta Ionescu/Shutterstock; 154 (UP): Pavel Filatov/Alamy Stock Photo; 154 (LO): DOUGBERRY/Getty; 155 (LE): Sean Gallup/Getty; 155 (RT): Dmitry_Chulov/Getty; 156 (UP): Delbars/iStock; 156 (LO): A_Stepanov/Thinkstock; 157 (CT): Tony Magdaraog/Shutterstock; 157 (UP): OSTILL is Franck Camhi/Shutterstock; 157 (LO): Vladislav T. Jirousek/Shutterstock; 158 (UP): Iulian Dragomir/Alamy Stock Photo; 158 (LO): ESB Professional/Shutterstock; 159 (LE): Dinodia Photos/Alamy Stock Photo; 159 (RT): Kristina Postnikova/Shutterstock; 160 (UP): Daniel Jedzura/Shutterstock; 160 (LO): David Turnley/Getty; 161 (UP): Nicescene/Shutterstock; 161 (CT): MonkeyTeam.ru/Shutterstock; 161 (LO): Igor Kovalchuk/Shutterstock; 162: Peter Treanor/Alamy Stock Photo; 163 (UP LE): Christopher Y.C. Wong/Shutterstock; 163 (UP RT): Bruno Passigatti/Shutterstock; 163 (LO): Robert Estall photo agency/Alamy Stock Photo; 164 (UP): The Picture Art Collection/Alamy Stock Photo; 164 (LO): Oliver Blaise/Getty; 165 (UP): Krzysztof Dydynski/Getty; 165 (LO): Shanti Hesse/Getty; 166: Tinxi/Shutterstock; 167 (UP): graphbottles/Shutterstock; 167 (LO): Jamaway/Alamy Stock Photo; 168 (UP): Sovenko Artem/Shutterstock; 168 (LO): maxim ibragimov/Shutterstock; 168–169: Brocreative/Shutterstock; 169 (UP): RTimages/Shutterstock; 169 (LO): Africa Studio/Shutterstock; 170 (UP): National Geographic Image Collection/Alamy Stock Photo; 170 (LO): Javier Pierini/offset; 171 (UP): Hindustan Times/Getty; 171 (CT): RTimages/Shutterstock; 172 (UP): Katiekk/Shutterstock; 172 (LO): CRS PHOTO/Shutterstock; 173 (UP): JASPERIMAGE/Shutterstock; 173 (LO LE): Laszlo Mates/Shutterstock; 173 (LO): OSTILL is Franck Camhi/Shutterstock; 174 (UP): Richard Heathcote/Getty; 174 (LO): wikipedia; 175 (UP): Jonathan Wood/Getty; 175 (CT): Somchai Som/Shutterstock; 175 (LO): Yavuz Sariyildiz/Shutterstock; 176 (UP): IULIZU/Shutterstock; 176 (LO): Philip Waller/Alamy Stock Photo; 177 (UP): Delmas Lehman/Shutterstock; 177 (LO): JIANG HONGYAN/Shutterstock; 178 (UP): Gilbert Carrasquillo/Getty; 178 (LO): Alex Kravtsov/Shutterstock; 179 (UP): freestyle images/Shutterstock; 179 (LO): Aflo Co. Ltd./Alamy Stock Photo; 180 (UP): NadyaEugene/Shutterstock; 180 (LO): Mr. Ratchacrit Nakkhonok/Shutterstock; 181 (UP): Eric Isselee/Shutterstock; 181 (LO): Paula Bronstein/Getty; 182 (UP): Harismoyo/Shutterstock; 182 (LO): CatherineLProd; 183 (UP): BornMedia/Shutterstock; 183 (LO): Nataliia Dvukhimenna/Shutterstock; 184: Beerpixs; 184–185: Beerpixs/Getty; 185–186: Everett Historical/Shutterstock; 186 (UP): Philou1000/Shutterstock; 186 (LO): imagegallery2/Alamy Stock Photo; 187 (UP): Wollertz/Shutterstock; 187 (LO LE): Eduard Valentinov/Shutterstock; 187 (LO RT): ilozavr/Shutterstock; 188 (UP): imageBROKER/Alamy Stock Photo; 188 (LO): cyo bo/Shutterstock; 189 (UP): RodionY/Shutterstock; 189 (LO): Yuangeng Zhang/Shutterstock; 190 (UP): Gerner Thomsen/Alamy Stock Photo; 190 (LO): Olga Danylenko/Shutterstock; 191 (UP): David Ball/Alamy Stock Photo; 191 (LO): shan.shihan/Getty; 192 (UP): mariakraynova/Shutterstock; 192 (LO): Hottug/Firebox/Solent News/Shutterstock; 193 (UP): Salvacampillo/Shutterstock; 193 (LO): Em Campos/Shutterstock; 194 (UP): Tupungato/Shutterstock; 194 (LO): IZO/Shutterstock; 195 (UP): Vibrant Image Studio/Shutterstock; 195 (LO): Yuriy Vlasenko/Shutterstock; 196 (UP): Natsuki Sakai/AFLO/Alamy Stock Photo; 196 (LO): agolndr/Shutterstock; 197 (UP): muratart/Shutterstock; 197 (LO): Cherries/Shutterstock; 198 (UP): National Geographic Image Collection/Alamy Stock Photo; 198 (LO): nito/Shutterstock; 199 (UP LE): F-Stop boy/Shutterstock; 199 (UP RT): Quality Stock Arts/Shutterstock; 199 (LO): Antonio Guillem/Shutterstock